海珠区"十三五"教育科学规划2017年立项课题"基于《标准》的小学二年级语文'教-学-评一致性'策略研究"（2017C051）

小学语文
"教-学-评一致性"的课堂教学研究

林玉莹 著

民主与建设出版社

·北京·

图书在版编目（CIP）数据

小学语文"教–学–评一致性"的课堂教学研究 / 林玉莹著. — 北京：民主与建设出版社，2020.7

ISBN 978-7-5139-3023-9

Ⅰ.①小… Ⅱ.①林… Ⅲ.①小学语文课–课堂教学–教学研究 Ⅳ.①G623.202

中国版本图书馆 CIP 数据核字（2020）第067609号

小学语文"教–学–评一致性"的课堂教学研究

XIAOXUE YUWEN JIAO–XUE–PING YIZHIXING DE KETANG JIAOXUE YANJIU

著　　者	林玉莹
责任编辑	刘　芳
封面设计	姜　龙
出版发行	民主与建设出版社有限责任公司
电　　话	（010）59417747　59419778
社　　址	北京市海淀区西三环中路 10 号望海楼 E 座 7 层
邮　　编	100142
印　　刷	北京虎彩文化传播有限公司
版　　次	2022年6月第1版
印　　次	2022年6月第1次印刷
开　　本	710毫米×1000毫米　　1/16
印　　张	13
字　　数	234千字
书　　号	ISBN 978-7-5139-3023-9
定　　价	45.00 元

目 录

第四章

基于《标准》的学生学业评价设计

第五章

目标导向的逆向课堂教学设计

第六章

小学语文二年级"教－学－评一致性"的应用案例

绪　论

教学目标指的是预期的学生学习结果。在教育教学工作中，教学目标制约着教学过程、方法和师生的课堂活动方式，具有导教、导学、导评的功能。保持教、学和评价的一致性是提高教学效益的重要手段。笔者通过大量的课堂观察发现，一线教师目标意识薄弱，教学目标定位不准确，撰写缺乏理据，比较随意，教学设计上的"教学目标"形同虚设，与教师的教学活动、教学评价严重脱钩，教学活动、教学评价偏离教学目标的现象较为严重，以致削弱了课堂教学效益。

除此，语文是什么？语文课堂教学的目标应如何制订？长期以来，对语文学科教学内容与目标界定不清晰的现象也直接影响了教师对语文教学目标的制订。在2011年，教育部颁布了《全日制义务教育语文课程标准》，进一步提出了语文学科的性质以及教学任务，明确提出了语文学科应以学生的语文核心素养的培养为教学目标。随后，教育部组织专家团队以《义务教育语文课程标准》（2011年版）为编写依据，重新编写了教科书。教科书体现了语文课程改革的最新成果，遵循语文教育的基本规律和学生身心发展的特点，继承语文教育的优良传统，着力培养学生的创新精神和实践能力，致力于构建开放的、富有活力的教科书体系，全面提高学生的语文素养。2016年，笔者所在区域开始在一年级推行使用统编教科书。统编版教科书在一定程度上帮助一线教师把握语文学科的教学目标，从而发挥目标对教学的导向作用。但是，经过一学年的观察，笔者发现，教师的目标意识仍然比较薄弱，课堂教学中只关注教学内容的讲解，存在"教了等于学了"的心理状态，教学中教、学、评依然存在互相偏离的现象，课堂教学效益仍待提高。

笔者认为，要用好统编教科书，发挥统编教科书的作用，最终实现语文课程标准的要求，需要从以下几个方面去改变：

第一，提高教师对语文学科性质的认识，进一步帮助教师解读《义务教育语文课程标准》，认识语文学科的性质特点，认识儿童语言学习的规律。这样教师才能有效制订教学目标内容和设计遵循语言学习规律的学习活动。

第二，需要帮助教师有效地实现从课程标准到课堂教学目标转化的过程，提高撰写教学目标的能力，提高"教-学-评一致性"的意识，才能主动在教学设计以及开展教与学活动中保障"教-学-评一致性"。

第三，能够提供一些具体的可以学习、迁移的研究案例供教师们参考，为提高自己的课堂教学效率打下基础。因此，从2017年到2019年，笔者带领二年级骨干教师以现代课程论、目标分类学、"教-学-评一致性"三因素模型等理论为依据，立足课堂教学，开展基于《标准》的小学二年级语文"教-学-评一致性"策略研究。

第一章

"教－学－评一致性"在教育研究领域的理论研究与应用研究

笔者从有效教学理论、一致性理论、"教-学-评一致性三因素"理论、"教-学-评"三者关系、"教-学-评一致性"的内涵和其与学习结果的关系等方面进行了一系列的文献搜索与阅读，以期站在巨人的肩膀上，把握课题研究的理论依据，找准本课题研究的起点。

现将搜集到的相关资料进行整合梳理。在中国知网、维普网通过主题词检索，检索综合性文献、期刊、近期会议论文与学位论文，得到表1-1数据：

表1-1　中国知网、维普咨询检索结果表

主题词 ＼ 年度	中国知网检索结果		维普咨询检索结果	
	2000年前	2000年后	2000年前	2000年后
教学一致性理论	280	3985	47	1385
有效教学教-学-评	8	516	1	38
教-学-评一致性	15	44	2	71
教-学-评一致性理论	0	39	1	11

通过检索与阅读，笔者发现国内外关于有效教学和一致性的理论研究已有丰硕成果，从2000年开始这项研究更是受到专家学者们的高度关注。

2014年11月7日至9日，在上海举办了"指向改进的教学与评价"第十二届上海国际课程论坛。本次论坛聚焦"教-学-评一致性""教师评价素养与培育""课堂评价与教学改进"等专题并展开交流。其后，华东师范大学课程与教学研究所的黄山和刘丽丽对"教-学-评一致性：课堂研究与教学的新动向"做了综述，发表在2014年22期的《教育发展研究》。本文从"'教-学-评一致

性'的理论建构""走向实证：'教-学-评一致性'视角下的课堂研究""指向改进：'教-学-评一致性'引领下的教学实践"等方面综述了国内外在"教-学-评一致性"研究情况。

笔者以"教-学-评一致性"为主题词在中国知网进一步进行检索，搜到从2013年到2018年间，共有52篇文章发表。（见图1-1）

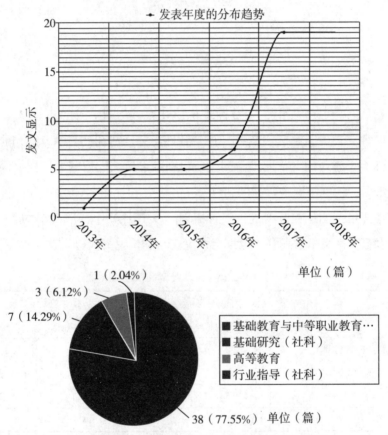

图1-1 在知网上检索关键词"**教-学-评一致性**"情况

从发表年度的分布趋势图可见，2013年到2018年，发表篇数明显增多，2017年和2018年达到最高峰，说明"教-学-评一致性"的研究得到了学界的重视。

从研究层次分布图可见，"教-学-评一致性"的研究主要集中在基础教育与中等职业教育领域，占了77.55%，以中学为主，而小学领域只有4篇。这说明，"教-学-评一致性"在教学中的作用得到了重视，但是应用在小学教育研究范畴的还较少。

"教—学—评一致性"的理论研究

"教—学—评一致性"的理论研究是"基于《标准》的小学二年级语文'教—学—评一致性'策略研究"的理论基础,引领着课题研究的前进之路。

一、"教—学—评一致性"概念的界定

"教"和"学"分别指学校教育中,教师的教学活动和学生的学习活动。"评",指的是评价。本研究中,"评"主要是指教师以达成教学目标为目的,对学生的学习结果进行反馈的活动,包含课堂教学评价和学生学业评价。

课程、教学、学习、评价在教育领域一直是一个研究热点。在课程改革不断深入的今天,对于"教—学—评一致性",我们并不陌生。在国外的文献中,我们时常会看到诸如"课程、教学、评价三位一体""学习目标—教学活动—评价一致"等专业术语,我国学者通常会翻译为"教学评一体化""教学评价融合""教—学—评一致性"等,其实都是一个含义,本文主要采用"教—学—评一致性"这个概念。

"一致性"在《汉语大辞典》中的意思为:没有分歧。在英语中"一致性"用alignment表示,意思是"调整、校正、直线排列"。

应用到教育上,韦伯认为"一致性"是:两种或者更多事物相吻合的程度,即事物的各个部分和要素融合成一个和谐的整体。安德森认为,一致性是指目标、教学、测评之间彼此的相符程度。崔允漷教授将"教—学—评一致性"定义为:在特定的课堂活动中,以清晰的目标为前提,教师的教、学生的学以及对学习的评价应具有目标的一致性。

本研究中,主要是指教师的教、学生的学以及教师对学生学习结果的评

价之间的对应程度，其中，包含"教-学""教-评""学-评"三组关系。而这三组关系的一致性都以教师课前所制订的教学目标为出发点。教学目标的达成，也将是判断"教-学-评"是否一致的标准。

二、相关理论研究、构建及关系阐述

（一）关于有效教学的理论研究

1. 国外研究现状

关于有效教学的研究在西方由来已久。夸美纽斯提出的班级授课制是他关于有效教学最具有标志性的教学论思想。赫尔巴特在他的理论基础上，对课程体系进行了系统的分类。布鲁纳有关学科知识结构、机动原则、程序原则、强化原则的教学论思想也为有效教学理论的形成打下了基础。

2. 国内研究现状

相对于国外，我国教育学界对课堂教学有效性及课堂教学有效性策略的研究起步较晚。但这一问题在新一轮的基础教育课程改革中成为热点问题。专家、学者与一线教师，都在理论层次对有效教学和课堂教学实效性等问题进行了详尽的解读和探索；在实践方面也获得了丰硕的成果，这方面暂且不表。2001年，钟启泉、崔允漷、张华等人详细阐述了有效教学的理念与策略，并对有效教学的由来和发展进行了系统介绍。2004年，高慎英、刘良华出版了《有效教学论》，提出了有效学习方式和教学方式。2009年，崔允漷在《有效教学》一书中提出有效教学关注教学效益，由此提出教学准备策略、教学实施策略、教学评价策略。2010年，钟春在《提高小学课堂教学有效性策略初探》中从教材、课标、教学设计、教学资源、学生主体性这些角度阐述了如何提高教学有效性的策略。有效教学的理论为"教-学-评一致性"的研究奠定了基础。

（二）关于一致性的理论研究

1. 国外研究现状

在国外，为教育领域一致性研究作出突出贡献的当属美国，教育领域一致性研究的兴起始于20世纪90年代的一场"基于标准的教育改革运动"。此后，欧洲国家逐渐开发了一系列的分析模式以分析教育中的一致性问题，为教学质量的提高提供了科学的评价方式。学习进程的提出，进一步要求专家和一线的教师们关注课标、教学、评价之间的一致性。

最早提出教学一致性概念的是美国的教育心理学家科恩。他用一致性概念来替代教学中的某些设计条件与预期的教学过程、教学结果之间的匹配程度。而对一致性概念进行全面分析的是美国著名教育评价专家韦伯，并且就目前的研究状况来看，韦伯关于一致性的界定已基本成为其他研究的基础。他认为，一致性是指"两种或更多事物之间的吻合程度，即事物各个部分或要素融合成一个和谐的整体，并指向对同一概念的理解"。韦伯等人对一致性概念的理解为后续的课堂层面的一致性研究提供了重要的借鉴。

西方发达国家对教学一致性的理论与实践研究历时三十余年仍在继续，值得持续关注。

波帕姆认为，课程、教学和评价三个方面不能独立，而是应该相互影响的。他呼吁加强三个群体间的合作与对话，主张培养能够将课程、教学、评估有效结合的教育工作者。不难发现，波帕姆提倡的就是要追求目标、教学、评价的一致性，并且以目标为原点，教学是为了达成目标所做的事，而评价也是为了能够确定合适的目标，促进实施最好的与学生相匹配的教学。邓肯等人则是从学生学习的角度指出教学与评价的一致性是揭示学生学习过程的重要环节，将教学、学习、评价有效结合起来，体现了以学生学习为导向的思想。

在这些研究中，无论是课程、教学、评价不能孤立，还是目标、教学、评价要相符，其揭示的核心理念只有一点，即目标、教学、评价要一致，或者说从一致性的角度出发，去思考课程领域之间的关系。

2. 国内研究现状

受国外研究的影响，我国开始逐渐重视教育领域一致性的研究。主要有以下五方面趋势：

其一，课程实施与课程标准的一致性。崔允漷在《课程实施的新趋向：基于课程标准的教学》一文中指出，教学应该基于课程标准，这样才能实现课程标准、教材、教学与评价的一致性。

其二，评价与课程标准的一致性。刘学智、张磊在《学业评价与课程标准一致性：韦伯模式本土化探究》一文中分析了韦伯模式在我国具有良好实用性的原因，并提出相关建议。

其三，教材与课程标准的一致性。王采莲的《教科书与课程标准的一致性探究》，从目标、内容、活动三个维度分析教科书内容与课程标准的一致性。

其四，课标、教学与评价的一致性。蔡丽的《高中物理课程标准与学业水平测试、课堂教学内容的一致性研究》一文就是这方面的研究，她发现物理课程标准、教学、评价三者之间的一致性情况并不理想。

其五，"教-学-评一致性"。最早关注并提出"教-学-评一致性"概念的是华东师范大学的崔允漷教授。他在课程视域的专业化诉求、评价领域的范式转型这两个背景下，提出了该概念。崔允漷教授等提出的一致性理论也成为我们这一课题的核心理论支撑。

（三）关于"教-学-评一致性"三因素的理论模型的构建

为了研究教育中的一致性问题，国内外学者都开发了多种研究模式。国外学者主要开发了"韦伯模式""SEC模式""成功模式"等模式，对一致性问题进行研究。国内学者则将国外开发的模式本土化之后，用于评价本国的教育领域中的一致性问题。崔允漷、雷浩所带领的团队基于中国学校课程与教学调查项目数据库中的相关数据，运用统计的方法，论证课堂教学的"教-学-评一致性"的三因素理论模型，用以描述课堂行为的专业化结构、判断课堂教学的一致性水平、预测教-学-评行为的努力方向。

崔允漷、雷浩在《"教-学-评一致性"三因素理论模型的建构》一文中，将"教-学-评一致性"定义为在整个教学系统中教师的教、学生的学和对学生学习的评价三个因素的协调配合的程度。文中还具体阐述了教-学-评一致性在目标指引下的三种含义：一是"学-教一致性"，指在目标的指引下学生的学习与教师的教学之间的匹配程度；二是"教-评一致性"，指教师的教学与对学生学习评价的匹配程度；三是"评-学一致性"，指学生的学习与对学习的评价之间的匹配程度。这三者两两之间存在着一致性的关系，然后组合成一个整体，构成教-学-评一致性的所有含义。本课题的研究正是运用了崔教授搭建的这一理论模型。

（四）关于"教-学-评"三者关系的论述

1. 教与学的关系

关于教与学的关系，从已发表的文献看，主要有以下几种不同的观点：第一种是教师中心论。捷克的夸美纽斯、德国的赫尔巴特、苏联的凯洛夫、美国的斯金纳都强调教师在课堂教学中的绝对主导地位，成为教师中心的核心理论来源。第二种是学生中心论。建构主义学派的观点认为学习是合作的和以学生为中心的，教师不需直接提供信息，而是起某种催化的作用。第三种观点是双主体论。曾陇生、倪丽华在《教育双体议论》中指出，教师和学生都是教学活动的主体，是双主体；师生双方又互为客体，是双客体。但哪一种理论观点更有利于促进"教-学一致"就暂时没有较成熟的理论研究成果。

2. 教学与评价的关系

在古代的学校中，教学评价意识已经萌芽。历时千年的科举考试制度成为我国封建社会教学评价的主要方式。这种把选才与育才的标准和要求统一起来的方法，在很大程度上促进了我国古代教育的发展。

说到现代教学评价，美国教育评价专家古巴和林肯将教育评价发展历史划分为四个时期，即"测验—描述—判断—建构"。第一个时期是测验时期。这一时期评价的主要方法是测量，评价值起到测量的作用，其中心任务是力求通过科学的方法以确定客观的标准。第二个时期是描述时期。泰勒经过一系列的实验研究后正式提出了"教育评价"的概念，即教育评价就是衡量实际活动达到教育目标的程度，测验是它的手段。1956年，布卢姆对认知领域的教育目标进行了分类，这也对完善学习和教育评价理论起到重要作用。布卢姆的目标分类也被广泛运用到实际教学中，是本课题研究的一个重要参考理论。第三个时期是判断时期。1963年，科隆贝赫发表论文《通过评价改教程》，提出了"形成性评价"。1966年，斯塔弗尔比姆提出CIPP模式，该理论以决策为中心，包括背景评价、输入评价、过程评价、结果评价，他认为，评价最重要的意图不是为了证明，而是为了改进。1975年，比贝提出"价值判断"才是教育评价本质的观点。这一观点强调评价要对教育活动的价值做出判断，包括对教育目标本身做出判断，使评价活动有助于决策的科学化。第四个时期强调评价的"心理构建"。古巴和林肯认为评价是一种心理构建物，应当听取不同方面的意见。这个观点引起了巨大的反响，推动了多元化教学评价的形成。

通过梳理，笔者发现，将"教与评""学与评"作为一个整体来阐述两者间关系的理论成果不多，多数学者是将"教与学"作为一个整体来研究。近年来开始有专家将三者细分开来。李伟成在2013年发表的《教学的目标、活动与评价之独立性与一致性刍议》中，就教学目标、教学活动与评价三者辩证统一的关系进行了深入的理论分析。他指出，目标、活动与评价要相互统一和相互独立。他的理论观点为本课题的研究提供了有益的借鉴。

（五）关于"教–学–评一致性"的意义与含义

作为有效教学的一个基本原理，"教–学–评一致性"越来越受到理论与实践研究者的关注。专家学者对其意义与含义做了进一步的阐述。崔允漷、夏雪梅在《"教–学–评一致性"：意义与含义》一文中提出，从课程视域的专业化诉求来看，从教师的角度出发，课程思维需要一致性地考虑"为什么教""教什么""怎样教""教到什么程度"，从学生的视角出发，课程思维需要考虑"我要到哪里去""我怎样去、需要什么样的资源""我真的去到那里了吗"。教师需要"像专家一样思考"课程的一致性问题，即思考"教–学–评的一致性"。在教育评价范式中，教学、学习应当是数据驱动的，数据就来自于评价。评价持续地镶嵌在教学、学习的过程中，而不只在教学、学习终结之后实施；教学、学习、评价三者共享目标。两位专家在文中描述了"教–学–评一致性"的含义：

第一，清晰的目标是"教–学–评一致性"的前提和灵魂。

第二，"教–学–评一致性"涉及两种理解：一是针对教师而言，二是针对教师与命题专家而言。本研究的重点是教师在课堂教学中的"教–学–评一致性"。

第三，"教–学–评一致性"指向有效教学。

第四，"教–学–评一致性"的实现取决于教师的课程素养与评价素养。

专家对于"教–学–评一致性"意义与含义的描述对本研究的不断推进有着重要的指导与借鉴意义。

（六）关于"教–学–评一致性"与学习结果的关系阐述

华东师范大学课程与教学研究所的岑俐在《教–学–评一致性对学习结果的影响研究》一文中，通过文献梳理发现，积极有效的课程实施方式均对学生的学习结果有积极影响，且从已有研究中发现"教–学–评一致性"的课程实施方法具有促进良性学习结果的理论逻辑。然后再借助国内大型数据库，获取本土学校不同班级"教-学-评一致性"实施程度数据，以及对应班级学生的学校幸福感、学习自我效能感、学习兴趣等非学业成就和学业成绩数据，并对数据进行统计分析论证。结果显示，"教-学-评一致性"的有效课程实施方法对我国学生的学业成就有同样显著的预测作用，且对学生的学校幸福感、学习自我效能感和学习兴趣等非学业成就也有预测作用。

第一，"教-学-评一致性"程度高的课堂能给学生带来高学业成就。

第二，"学-教一致性"对学生非学业成就有显著影响。

第三，"评-学一致性"对学生的自我效能感和学习兴趣的影响显著。

第四，仅注重"教-评一致性"对学生非学业成就的获得无积极影响。

综上所述，布鲁姆的目标分类学、韦伯的一致性理论、崔允漷教授等的有效教学理论和"教-学-评一致性"理论模型与意义阐述等相关理论知识，能帮助教师理解教学目标、教学活动设计以及教学评价等相关概念，把握"教-学-评一致性"的内涵。

"教–学–评一致性"的实证研究

一、国外应用案例综述

20世纪80年代，为了确保教育质量，提升学校教育效能，美国发起了"由标准驱动并基于标准"的基础教育课程改革，在国家层面提出了全国教育目标，并制定了全国性的共同的课程标准，随后相继发布《国家处在危险中：教育改革势在必行》《美国2000年：教育战略》《不让一个儿童掉队》等报告以及计划。此外，还在州一级最大限度地统一和规范本州的课程标准，如何检测和落实课程标准有效性，课程与教学是否具有一致性成为其中的关键指标。随后，世界各国纷纷兴起了基于标准的教育改革，加拿大、英国、澳大利亚还有中国等国家都先后从国家层面来编制课程标准，一系列"基于《标准》，追求质量"的改革措施逐步出现，各种政府机构以及学术团队也参与到了课程标准研究的队伍中，教育领域中的一致性问题逐渐出现在人们的视域。

20世纪70年代，美国心理学家布卢姆等人创立了"掌握学习"教学模式，试图通过这一方法来解决教学与评价的一致性问题，并对其效果在学校学习中的可行性进行了系统的研究。据统计，该模式在美国进行了较为长期的教育实践。仅在1982年，美国就有3000所学校、百万以上的学生接受"掌握学习"模式实验。许多实验班的教学证明，这一模式可以使80%以上的学生达到普通班中只有20%的学生才能达到的成绩水平。该模式的主要特点是在教学过程中穿插不同形式的教学评价，通过形成性测验使学生确认自己完成教学目标的情况，并根据测验结果及时调整学习活动。已达到目标的学生，可以产生成功的满足感，更积极地参与下一单元的学习；未达标的学生可以了解自己有哪些基础知识或能力未能掌握，明确努力方向，进行矫正。这种"掌握学习"的教学模式开启了"教-学-评一致性"的探索之路。同时，布卢姆创建的教育目标分类学，为建立目标与测验的一致性也做出了直接的贡献，他的代表作《人类特征与学校学习》概括了他绝大多数的研究成果。

1987年，科恩最早提出了"教-学一致性"的概念，并以教学中的某些设计条件与假想的教学过程、教学结果之间的匹配程度作为研究对象，从而使一致性的研究开始与课程与教学的实践紧密结合。科恩结合其四位学生的研究成果发现，在普通课堂中，如果教学目标与评价一致性越高，无论是普通学生还是天才学生，就越能取得好成绩，该现象与一致性相关的影响因子具有0.91到2.74个标准差。因此科恩提出，美国学校教育的平庸，更多的是由于教师的教学目标、教学实践以及教师采用的教学评价三者之间的不一致。

在此之后，美国的米切尔以及博拉等人也进行了类似的研究，其结果与科恩的有很大的相似性。米切尔在某学区中的4000名三年级学生的数学课上实施了一年与学区检测相一致的课程后，这些学生在标准测试中获得的平均成绩从一年前的49分提升至55分。美国的卫施尼克的研究结果表明，36%以上的成绩差异可以被区域设计的标准参照检测与常模标准参照检测所测量能力的一致性水平所解释，且相对于能力较高的学生而言，这项一致性水平对能力较低的学生具有更大的影响。

上述国外的研究大都把"教-学-评一致性"的课程实施方式作为一种积极的教学策略，通过实证研究说明"教-学-评一致性"程度越高，学生的学业成绩越好。当然，这一结论是否符合我国学生的学情，还需通过进一步的实证研究来证明。但是，通过对国外"教-学-评一致性"研究的分析不难发现，对于一致性的关注和研究源于教育时代自上而下的政策驱动，官方化及规模化的研究模式重在对教育质量进行监测，即重点是终结性评价（测试）与课程标准的匹配程度。因此，"教-学-评一致性"的研究被极大程度地运用在了大规模测试中。这样自上而下的改革模式并未从课堂本身出发，探究课堂教学的一致性，但是也能够为我国课堂层面的一致性研究提供参考的价值和思路。

二、国内应用案例综述

随着"教-学-评一致性"研究的不断热化，在我国，已经有研究者通过探索和实践，有意识地采用基于课程标准、以学定教、以评促教、以评促学等分析框架开展"教-学-评一致性"的课堂研究，研究范式也逐渐走向实证。2014年11月7日至9日，由教育部人文社会科学重点研究基地华东师范大学课程与教学研究所主办的第十二届上海国际课程论坛，以"指向改进的教学与评价"为讨论主题，邀请了国际知名专家和国内教授、学者和一线工作者，围绕"教-学-评一致性"等专题展开了充分的交流。

（一）课堂教学情境中的"教-学-评一致性"

在此次论坛中，除了基于课程标准探讨"教-学-评一致性"，与会者也探讨了在课堂教学情境中的"教-学-评一致性"。以学定教、以评促教、以评促学等教学模式是"教-学-评一致性"研究不断革新和进步的结果。会议中，多名专家、教授分别就课堂教学情境中的"教-学-评一致性"进行了专题论述。台湾的陈木金教授指出，以学定教是台湾自1999年起推动的教学改革的核心，强调在教学的实施上要以学生为主体，将课堂的重点由教师转移到学生，将教学的重点从课本知识转移到学生的学习。此外，德国的希尔伯特·梅尔教授、华东师范大学的孔企平教授、研究员王少非教授等人也分别进行了专题论述。

在以评促教的具体研究中，郑州市教育局教学研究室教研员卢臻重点介绍了以评价驱动教学的机制，指出评价与学习具有内在的一致性，它们具有同一向度、情境和建构框架。卢臻老师组织了郑州市语文教研室开展"教-学-评一致性"实验研究，以初中语文为例探究了"教-学-评一致性"的课堂，并建构了教、学、评一致的课堂教学的运作系统。她以目标作为起点，将"教-学-评一致性"教学分解为定标、达标和验标三个步骤。学和教的开展都基于目标，最终达成并检验学习目标。教师的教和学生的学围绕目标展开，并且作为课堂的两翼，使得目标从制订到达成到检验成为课堂教学的转轴。（见图1-2）

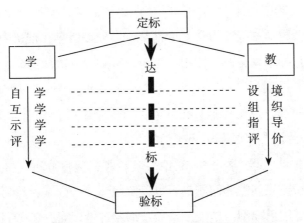

图1-2 "教-学-评一体化"课堂教学运作系统

（二）实证研究中的"教-学-评一致性"

1. 聚焦多形式的研究方法

目前国内关于"教-学-评一致性"的研究主要集中在观念层面，聚焦分析"教-学-评一致性"的理念、内涵等方面，关于实证研究的经验则相对较少。华东师范大学的崔允漷教授在"教-学-评一致性"理论视角下，基于"中国学校课程和教学调查"（Investigation of Curriculum and Instruction in China，ICIC）项目数据库，在大规模数据的基础上建构并利用ICIC项目数据库实证检验该理论模型，即在课程标准指引下的三个维度："学-教一致性""教-评一致性""评-学一致性"。（见图1-3）

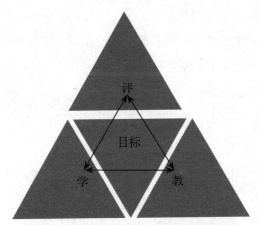

图1-3 "教-学-评一致性"理论模型

崔教授研究的数据来自"中国学校课程和教学调查"项目。该项目采用多层随机抽样及整群抽样的方法对中部某省会城市所有在校初中一、二年级学生进行代表性抽样。在施测过程中，每个班级随机分成两部分，分别填写语文和数学调查问卷。问卷采用Likert四等级记分，问卷得分越高表明"教-学-评一致性"水平越高，反之亦然。该问卷共有三个维度，分别是："学-教一致性""教-评一致性""评-学一致性"。

崔教授首先就"教-学-评一致性"问卷进行项目分析，接着进行探索性因素分析，以探究该问卷的问题是否可以解释为三个因素，然后运用一致性信度分析来了解三因素模型的信度，最后运用验证性因素分析证明维度的结构效度。该研究为描述课堂行为的专业结构、判断课堂教学的一致性水平以及改进"教-学-评"行为提供了理论支持，为进一步展开"教-学-评一致性"的研究提供了重要的分析和测量框架，成为日后进行"教-学-评一致性"实证研究的有力依据。"教-学-评一致性三因素理论模型"为本研究判断课堂教学的一致性水平以及改进教-学-评行为提供了理论支持。

同样基于ICIC项目数据库的信息资源，华东师范大学周文叶博士尝试通过大规模调查数据回答教师是如何进行作业反馈的。该研究以评价信息处理为切入点，基于12 000多名学生和1500多位教师的数据发现了大量关于教师作业反馈的事实。华东师范大学硕士研究生岑俐利用ICIC项目数据库，获取了本土学校不同班级的实施程度数据，以及对应班级的学生学校幸福感、学习自我效能感和学习兴趣等非学业成就和学业成绩数据，论证了"教-学-评一致性"的有效课程实施方法对我国学生的学业成就有同样显著的预测作用，且对学生的学校幸福感、学习自我效能感和学习兴趣等非学业成就也有预测作用。（见表1-2、表1-3）

表1-2 "教-学-评一致性"和学生学习结果之间的相关分析

	学校幸福感		自我效能感		学习兴趣		学业成绩	
	回归系数	t	回归系数	t	回归系数	t	回归系数	t
学-教一致性	0.187	2.38*	0.211	3.01**	0.224	3.21**	0.278**	3.11**
评-学一致性	0.117	1.78	0.206	2.87**	0.236	3.68***	0.221*	3.05**
教-评一致性	0.101	1.67	0.121	1.85	0.111	1.70	0.234*	3.06**

注：*表示P<0.05，**表示P<0.01，***表示P<0.001。

表1–3　　"教–学–评一致性"对学生学习结果的线性回归分析

	学校幸福感	自我效能感	学习兴趣	学业成绩
学–教一致性	0.32**	0.29**	0.28**	0.33**
评–学一致性	0.31**	0.30**	0.25**	0.31**
教–评一致性	0.29**	0.36**	0.30**	0.35**
教–学–评一致性总分	0.31**	0.31**	0.27**	0.33**

注：*表示$P<0.05$，**表示$P<0.01$，***表示$P<0.001$。

除了上述运用大规模数据进行实证研究的分析方法，华东师范大学博士研究生黄山运用课堂观察法，通过对9堂课的课堂观察识别出了89次教师决策行为，通过对这89次决策过程的分析，发现教师在课堂教学中并没有基于学生的学情做出教学决策，并超越这一答案，为一线教师和研究者提出建议。这些研究能够充分利用观察得到的数据来系统地回答"教–学–评一致性"的问题。

2. 源于课堂的实践探索

此外，许多一线教师从不同学科的视角出发，对"教–学–评一致性"的实证研究进行了相关阐述。锡山高级中学的佟柠老师在高中地理的教学中，确定了"研读课程标准（测试说明），理解课程标准（测试说明）；重构教学目标，确定学习表现标准；设计评价方案，嵌入教学流程；实施课堂教学，反馈评价结果；改进教学策略，支持后续学习"的一系列流程，并且遵循"目标来源于课程标准；评价设计先于教学设计；评价设计嵌入教学流程"的步骤，力求实现"教–学–评"的融合。

中学教师朱学尧以江苏省新课程高考为案例分析了课程标准和新课程高考的一致性，选取江苏省新课程高考地理试题作为研究对象，从认知性学习目标、技能性学习目标和体验性学习目标三个方面分析高考地理试题与课程标准的一致性，为新课程背景下的高中地理教学和考试评价工作的开展和决策提供证据。在国内的关于"教–学–评一致性"的实践研究中，很多研究者都非常重视课程标准与评价内容（考试试题或练习题等）的一致性研究，例如陈娴等人就物理内容标准与考试之间的一致性问题进行研究，还有几位研究者研究运用一致性分析模式对内容标准和考试这两者之间的关系进行研究，得出了诸如"当内容标准和试卷之间不够一致时，对教学会产生影响"等结论，具有很强的代表性。

3. 理论和课堂的融合

此外，近年来各大高校关于"教–学–评一致性"的研究逐渐兴起，并与具体的课堂实践有机结合，展开"教–学–评一致性"的实证研究。华东师范大学徐瑰瑰的硕士学位论文以小学语文习作课为例，论述了"教–学–评一致性"。徐瑰瑰从当前课堂教学的困境出发，阐述追求"教–学–评一致性"的必要性和可能性，并根据以往的分析理论提出了"教–学–评一致性"的分析框架，要实现一致性，必须从教案的一致性、课堂教学的一致性以及作业的一致性三个维度做出判断，并在具体的研究过程中制定了课堂教学一致性的分析工具。（见表1–4 ~ 表1–6）

表1–4　从时间和行为维度看课题教学一致性

时间										
目标										
教										
学										
评										

表1–5　教与学，行为和时间分配行为

行为	1	2	3	4	5	6	7	8	9	10	总时间
教											
学											

表1–6　行为与时间的一致性分析

目标	教的时间与行为	学的时间与行为	评价任务的执行	一致性分析
目标1				
目标2				
目标3				

曲阜师范大学王琎的硕士学位论文基于课堂教学案例的分析，研究新课标背景下小学语文课堂教学低效问题。研究从访谈调查法和案例分析法入手，

探析小学语文课堂教学低效问题的成因并提出改善小学语文课堂教学低效问题的策略。方全波的硕士学位论文以物理教学设计和课程标准的一致性作为切入点，采用个案实证的方式研究了"教－学－评一致性"的问题。王小平的硕士学位论文选择用目标评价过程一致性的视角来考察小学数学教案，以韦伯的一致性分析模式为参考，提出了判断教案一致性的三个维度十一条判断标准。付晓娟的硕士学位论文采用个案研究的方式研究了小学数学和课堂评价的一致性问题。

通过研究可以发现，"教－学－评一致性"的研究越来越受到教育界专家和学者的广泛关注。研究的主体由国内个别老师的自发实践逐渐转变为高校研究团队和地方教研室共同引导的教学实践，这一变化也说明"教－学－评一致性"已经从理念逐渐走向实践，由理论研究逐渐向实证研究过渡。

（三）实践改进中的"教－学－评一致性"

除了建构和验证"教－学－评一致性"之外，在第十二届上海国际课程论坛中，与会者也在探讨"教－学－评一致性"理论到底为课堂教与学带来了哪些改变，在理论引领下的课堂教学究竟是怎样的。很多学校的校长与教师分享了各自学校落实"教－学－评一致性"的实践策略与教学模式，这些全新的教学模式为"教－学－评一致性"的实证研究做出了有益的探索和尝试。

江苏省吴江汾湖经济开发区实验小学近些年一直在追求"教－学－评一致性"的课堂实践，同时还与华东师范大学课程与教学研究所合作，共同研究和设计"教－学－评一致性"的课堂教学，形成了基于课堂现场的长期研究模式和一系列成果。该校校长蒋银华指出，在"教－学－评一致性"课堂设计中，要综合分析课程、教材、学生学习等各种要素，实现目标设计的精准性。在评价设计中，要反复考量学习目标，思考原定目标的合理性，以学习目标为归宿进行评价设计。在教学设计中，要尊重学生的学习规律，科学选择教学方法，让教学与过程性评价一体化，力图追求目标实现的最大可能性。也因此，在他们的课堂上，经常会看到学习目标、评价任务、教学活动的身影。

该校在探索"教－学－评一致性"课堂时，首先是学习目标的研究，对于目标界定的原则必须是应该学的、能够学的、可以教的、利于评价的。因此在设计教学时，以目标为起点，从学习目标的确定，到评价任务的设置，再到教学活动的开展，环环相扣。在教学活动中，教学活动用来确保目标的达成，评价任务用来检测目标的达成。整个教学过程聚焦学习目标，并根据学习目标适时调整教学活动。评价活动始终嵌入教学，并且贯穿于整个课堂教学过程的始终，并通过研究，提出教学活动的学习链／评价链。（见图1-4）

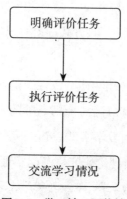

图1-4　学习链／评价链

从以上学习链／评价链中可以看出，课堂教学活动是教师捕捉学生学习信息的过程。这样的课堂以学生为主体，关注学生在课堂上的学习经历和变化。这一点与该校张菊荣校长好课的理念是一致的。张校长从"如何成就好课"这一问题出发，提出要一致性地思考目标、评价与学习。评价一堂课是否为好课，必须将目光从看教师转向看学生。一堂"好"课应保证学生在学习，学生向着目标学习，大部分学生达成目标，一部分学生实现目标之外的精彩。为了成就好课，要在目标正确的前提下，实现目标、评价、学习三者的一致性。

除了探索目标与"教–学–评一致性"的实证研究，华东理工大学附属小学的顾文校长从校本实践的角度出发，着力探索了将智力游戏融入小学数学教学的实践策略。在这样的理念引领下，华东理工大学附属小学在数学教学中积极推进游戏活动的融入，通过开展不同形式的数学游戏擂台赛，在多元评价方式中发现、激发学生的数学潜能。在游戏教学中，学生不仅体验到了参与的快乐、创造的愉悦，而且在数学价值教育中，更实现了认知发展和社会性发展的均衡。

此外，苏州市平江中学校长邓大一和王恒昌分享了该校独具特色的双核教学模式和"四段一案一回头"的课堂结构。两位校长指出，核心概念与核心能力是"教-学-评"相融合的课堂的出发点，也是课堂教学的主要目标。为了实现这一目标，平江中学做了四点尝试：一是以学生为中心设计教学活动；二是以情感体验作为德育载体；三是将能力作为学-教融合的目标；四是将效率作为教-评融合的追求。这种基于双核的"学-教-评"融合模式不仅发展了学生的认知水平和思维能力，也提升了教师的教学水平与质量。

与以往课程实施理论中"评价是教学之后的环节"不同，这些学校的课堂实践大多从目标出发，关注评价与教学的一致性。"教-学-评一致性"改变了教师对目标的认知，同时也提高了教师对评价重视，从以前的教后评，到现在的教中评，学中评，教学与评价同时展开，更加强调了通过多元评价方式带给学生的学习体验和变化。

根据对国内外"教-学-评一致性"的研究可以发现，在理论方面，国外研究相对比较成熟，有许多学者的强大理论体系作为支撑。但是在实证研究方面，尤其是在一线课堂实践方面并没有取得较为明显的研究成果。一方面，教学目标、教学策略和教学评价的一致性问题和其他重大的教育问题一样，并没有取得共识。另一方面，一致性研究的兴起，根本上体现的是国家意志，是基于《标准》的教育改革的直接产物。实证研究的缺失与国外许多国家这种自上而下的课程改革有很大的关系，正是由于这种以终结性评价和课程标准的匹配程度为研究模式，导致"教-学-评一致性"研究的出发点脱离了课堂本身。

当然，随着我国对国外的先进教育理念和技术学习逐渐增多，"教-学-评一致性"的问题得到越来越多的理论工作者和一线教师的重视，并且开始出现自觉的实践研究，逐渐成为当前教育界的研究热点。但是由于"教-学-评一致性"的研究在国内起步较晚，同时受到国外一些已有的研究成果，特别是韦伯一致性分析模式的影响较大，所以国内的研究类别较为统一。研究成果主要集中在各学科或学科标准与课程评价（或考试试题）之间的一致性研究中，还有一些研究成果是基于大数据的分析结果进行课程实施效果的调查。

总体来看，国内对"教-学-评一致性"的研究层面还处于对国外理论逐步吸收的阶段，存在着明显的不足。一方面，目前我国尚没有专门的政府部门或者独立的学术机构来进行大规模的一致性监测，同时也缺乏对一致性监测的工具。另一方面，学科化和专业化的问题也亟待解决。新课程改革以来，教育理论研究和教育实践相互脱离的现象仍然十分明显。教育理论只能指明研究方向，而有效的研究结果必须以综合、全面、有针对性的教育实践为依据。从上述研究结果来看，针对初等教育的"教-学-评一致性"研究十分不足，同时，针对语文这一学科不同学段的研究更是少之又少，因此，还需要广大的一线工作者从教育实际出发，在吸收国外理论和国内优秀经验的基础上，逐步完善对"教-学-评一致性"的实践研究。

"教-学-评一致性"是基于《标准》的教育改革的前沿问题，也是推进课堂研究与改进教学实践的新视角，为国内外众多学者以及一线教育工作者的研究提供了翔实的理论依据和实证案例。但是，也可以发现针对初等教育的研究十分不足，而针对小学语文学科展开的研究更是稀少。本研究通过大量的实证，较好地丰富了这一理论范畴。

小学语文学科课堂教学"教－学－评一致性"现状分析：本土调研

课程标准是教材编写与审查、课程实施与管理、课程评价与考试命题的依据。2011年，教育部针对十年课改的调研结果对课程标准进行了修订，并颁布了《义务教育语文课程标准（2011年版）》（以下简称《语文课程标准》）。《语文课程标准》明确了语文学科的性质，提出了每个学段的内容与目标。教师应基于《标准》制订教学目标，并且围绕目标组织教、学、评工作。那么，课程标准是否能够成为教师教学实施与管理的依据呢？是否能够成为教学评价的依据呢？课堂教学能否实现"教–学–评一致性"呢？本章以笔者所在区域的小学语文二年级教学为例，对小学语文学科课堂教学"教–学–评一致性"现状进行调研。本章主要包括两部分内容：一是调查设计；二是调查结果与讨论。

调查设计

一、调查的问题

本次调查探讨和分析的主要问题是：基于《标准》的小学语文二年级课堂教学现状是怎样的？具体可细化为如下问题。

（1）教学设计阶段：教师能否基于《标准》撰写教学设计？目标与标准的一致性如何？目标与教学活动设计一致性如何？目标与教学评价设计一致性如何？

（2）教与学实施阶段：教师的活动与学生的活动能否围绕目标展开？

（3）教学评价阶段：每节课的教学效果如何？目标达成度如何？教师是否有依据目标对教学效果展开评价？评价内容（含作业内容）与教学目标是否一致？

二、调查的方法

本次调查主要采用课堂观察法。

课堂观察法就是指研究者或观察者带着明确的目的，凭借自身感官（如眼、耳等）以及有关辅助工具（观察表、录音录像设备等），直接或间接（主要是直接）从课堂情境中收集资料，并依据资料做相应研究的一种教育科学研究方法。

本研究将根据调研的问题，从教学设计、教与学活动以及教学效果三个维度设计课堂观察量表，并对每个维度进行二级指标细化，以记录教师在三个维度的表现，观察教师在课堂教学实践中"教–学–评一致性"的表现，从而分析

课堂教学中"教–学–评"是否一致，对学生学习结果有什么影响。（见表2-1）

表2-1　课堂教学观察量表

评价内容	评价指标	优秀	良好	及格	不及格
教学设计	（1）结构完整、格式规范、表述科学	○	○	○	○
	（2）教学目标明确、具体、可操作、可评价，突出学科核心素养，行为动词使用准确	○	○	○	○
	（3）教学内容所处地位、作用及前后联系	○	○	○	○
	（4）能结合教学实际，对学生学习起点有准确说明	○	○	○	○
	（5）教学过程设计围绕目标展开，板块清晰，意图明确，依据教学内容综合设计评价方式	○	○	○	○
	（6）板书设计准确、简练，为教学服务	○	○	○	○
	（7）教学设计具有特色	○	○	○	○
教与学活动	（1）能围绕教学目标展开教学；教学结构完整，教学环节衔接紧密，过渡自然；时间分配合理	○	○	○	○
	（2）教学内容的处理及呈现科学、合理，主次分明、详略得当	○	○	○	○
	（3）教学形式为目标、内容服务，教学手段运用适时、适度、有效	○	○	○	○
	（4）教学进程张弛有度、调控及时、富有节奏；能激发并维持学生的积极性，组织好学生的活动；能从容应对预设外的情况，有教学机智	○	○	○	○
	（5）教态自然、大方、亲和力强；营造民主、平等、宽松、愉悦的课堂氛围；能积极评价学生，尊重学生对问题的不同理解	○	○	○	○
教学效果	（1）教学目标达成度高，有思维深度	○	○	○	○
	（2）学生学习兴趣浓厚，参与面广	○	○	○	○

调查结果与讨论

一、调查结果分析

（一）教学设计存在的问题（见图2-1）

百分比

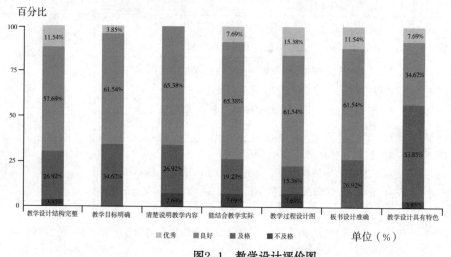

图2-1　教学设计评价图

1. 目标的表述不清晰

从教学设计看，教师撰写的教学目标优良率只有65.39%。大多数教师照搬教学参考用书上的有关内容，分类标准混乱，有的采用三维目标表述，有的从知识能力与情感角度去表述，有的只陈述了教师的教学内容，而不是陈述学习结果；目标内容不明确、不具体，比较泛化，呈现一般性的教学目标或者是中期，甚至长期的教学目标，比如习惯的养成，情感的培养等，没有聚焦本课的具体目标；目标陈述采用的行为动词不可观察和测量等。这样的教学目标陈述不利于指导教师进行教学设计以及展开教学活动。

2. 教学过程内容设计偏离教学目标

教学过程不能紧扣目标展开设计，优良率只有76.92%。设计上虽然有"教学目标"一栏，但是教学过程设计没有围绕目标展开。大部分教师依据文本的篇幅长短安排每节课的教学内容，教学各板块停留在内容的讲解分析，忽略对学生如何达成目标的思考，学生活动设计不充分，设计意图不够明确。

3. 不重视依据目标设计评价方式

设计中，较少教师依据教学目标思考评价内容以及评价方式的设计。虽然有部分教师设计了学习单，但是学习单内容的设计意图不够明确，如何组织评价，如何反馈评价，都很少展开。

作业设计内容常规宽泛，没有紧扣教学目标去思考和布置。作业是教学目标达成的主要检测方式之一，应该依据教学目标去设计内容。但是在实际教学中，大部分教师的作业常规老套，停留在一般性目标内容，比如抄写生字词、朗读课文。内容宽泛，千篇一律，不能对症下药，并未发挥其应有的功效。

（二）教与学活动存在的问题（见图2-2）

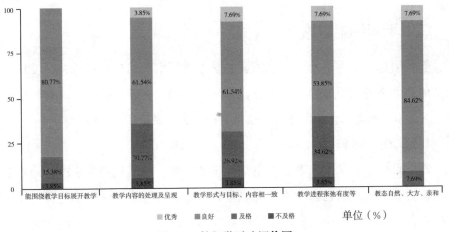

图2-2　教与学活动评价图

1. 教学内容重难点不突出，主次不够分明

在"教与学活动"中，教学内容的安排优良率较低，只有65.39%。因为缺乏目标导向，在教学过程中，教师更多地停留在对文本内容的分析和理解，线性推进教学，没能聚焦本课的核心目标，围绕教学重点展开教学，导致教学重难点不够突出，教学内容的安排不够科学。

2. 教学形式和手段的选择不能为达成目标服务

在教学过程中，教师选择的教学形式和教学手段不能够较好地为达成教学目标服务，这一评价子项的优良率只有69.23%。具体表现在，教学形式比较单一、以师生单边交流为主、学生参与面比较狭窄。教学媒介的使用停留在展示功能，交互不足。

3. 教学节奏把握欠佳，不重视教学评价

教师评价意识薄弱，优良率只有61.54%。具体表现在教师不能有效地运用评价手段组织教学，把握教学节奏，容易造成一部分学生逐渐游离于课堂教学之外，失去学习积极性。

（三）教学效果

不少教师都抱着"我教了，学生就会了；学生学过了，就能顺利通过评价"的意识评价教学。对每节课的教学目标达成度缺乏评价意识，没有采取相应的教学手段去进行及时评价和反馈，通常等到形成性评价或者考试的时候才发现教学存在的问题。

二、调查结果讨论

笔者通过对所在区域二年级语文教学课堂观察的结果进行分析，发现课堂教学效益低下的主要原因在于缺乏目标导向意识，在教学过程中，教师的教，学生的学以及教师对学生的学业评价没有以目标为灵魂相互对应。

1. 目标意识薄弱

教学目标是教学的出发点，也是教学的归宿。可是长期以来，教师更多地把注意力放在了对自己教学活动的思考和设计，而忽略教学活动是否围绕教学目标展开，教学评价是否促成了教学目标的达成，目标导学导教导评的意识比较薄弱。因此，在实际教学中，目标俨然成了教学设计中的摆设，不能发挥导学导教导评的作用，降低了课堂教学效率。

2. 缺乏具体的制订教学目标的方向性文件

我国颁布的课程标准缺乏表现性标准，脱离了具体的教材内容，不能具体指导教师的课堂教学行为。另外，以学段呈现学习目标的编排方式与教师以每一堂课制定目标的方式有很大的差异。教师缺乏足够的能力和时间去正确解读课程标准，再结合教材和学生的认知特点，对年段的内容标准进行分解细化，制订出具体的学期目标、单元目标以及课时目标。

3. 教师缺乏对"教-学-评一致性"的认识和思考

有效教学理论认为，只有当教学活动与教学目标、教学评价保持一致，才能真正促进课堂教学效率的提高。教师课程素养和评价素养不足，导致了教学中教与学、教与评、学与评之间的不一致。

4. 现行的义务教育阶段语文学科教材教学内容不明显

现行的义务教育阶段语文学科教科书从2001学年沿用至今，该教科书以人文主题组织单元，淡化了语文知识体系。教材编写的不足导致一线教师更多关注文本的内容和情感目标，而忽略了对语文学科的本体性目标的认识。

综上所述，教学中仍存在教与学、教与评、学与评之间的不一致的现象。如何借助统编教科书推行之契机，进一步更新教师的观念，强化目标导向意识？如何帮助教师准确分解课程标准的学段目标，编写准确的课时教学目标？如何帮助教师在教育教学活动中，促进"教-学-评"保持一致，提高课堂教学效益？本研究试图通过二年级语文教学的实践探索来解决这些问题。

第三章

基于《标准》的小学二年级
语文教学目标界定

　　教学目标是指预期的学习结果。国家水平的目标由政府制订，课程水平的目标由课程专家制订，课堂教学水平的目标由教师制订。教学目标在教学和教学设计中的作用概括为导教、导学和导测评三种功能。教学目标既是教学的出发点，也是教学的归宿。教-学-评是基于目标展开的专业实践。然而，由于我国关于如何设置与陈述教学目标的研究较少，关于语文学科的课程性质特点不清晰，语文学科的教学目标的界定一直缺乏明确的指引。在日常的课堂观察中，也可发现许多教师的目标意识薄弱，在教学设计中的教学目标分类框架混乱，目标表述不确定，内容笼统、宽泛，缺乏可操作性，不可观察、不可测评等问题。教学目标撰写的问题严重影响了教学活动的开展，降低了教学活动的效率。本章拟从如何基于课程标准出发，针对小学二年级语文教学现状，提出具体的研究思路和初步的研究成果，供教师们参考。

语文目标陈述技术

一、对《标准》的认识

1. 标准

在《现代汉语词典》中，对"标准"一词解释如下：所谓标准，它主要有两方面的解释：第一，即衡量事物的准则；第二，指本身合于准则，可供同类事物比较核对的。《辞海》中对"标准"的解释则基本与上述一致，它指出标准即衡量事物的准则。

本文所指的"标准"是"衡量事物的准则"。具体而言，指的是国家课程标准，具体指《语文课程标准》。

《语文课程标准》是教育部施行的义务教育课程标准文本。课标的制定，着眼于学生素质的全面提高。《义务教育语文课程标准（实验版）》在2001年制定，2011年根据十年课改情况进行修订，并颁布了修订版本，坚持了实验版的基本精神，回答了"语文是什么"这个问题，指出："语文是一门学习语言文字运用的综合性、实践性课程。"很明显，目标和任务聚焦在语言文字的运用上，提出全面提高学生的语文素养的总目标。语言文字的运用包括学习中的听说读写活动，也包括工作、生活中的听说读写活动；它包括实用的、工具的语言文字的运用，也包括审美的、文学的语言文字的运用。它的实质，就是利用"语言文字"这个载体，来获取信息，实现交流，表现我们的存在。《普通高中语文课程标准（2017年版）》进一步梳理了语文学科核心素养的内涵。

"语文学科核心素养是学生在积极的语言实践活动中积累与构建起来，并在真实的语言运用情境中表现出来的语言能力及其品质，是学生在语文学习中获得

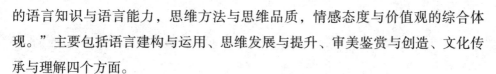

的语言知识与语言能力，思维方法与思维品质，情感态度与价值观的综合体现。"主要包括语言建构与运用、思维发展与提升、审美鉴赏与创造、文化传承与理解四个方面。

2. 基于《标准》

基于《标准》（Standards–Based）并不是一个新的概念，在20世纪末期，美国、加拿大、澳大利亚等国都基于本国的国情，制定课程标准，并基于《标准》开展了一系列的教育改革，促进本国教育质量的提升。标准成为推动各国教育改革的助推器，成为学业质量管理的一种有效载体。

基于《标准》，首先是树立标准意识，其次是以标准为导向开展教育实践。这就直接决定了学校教育中的教、学、评都应围绕标准而展开。

课程目标是国家和地方政府按照国家教育方针和教育目的，依据学生身心发展规律和各门学科特点而确定的、学生在一定课程领域应该完成的学习任务以及他们身心发展的预期状态。语文课程目标是语文教学应该实现的基本目标，也是语文教学目标的主体。

拉尔夫·泰勒在《课程与教学基本原理》中指出，编制任何课程和教学计划都要以四个问题作为基本原理：

（1）学校应该达到哪些教育目标？（教育目标）

（2）提供哪些经验才能实现这些目标？（教学内容）

（3）怎样才能有效地组织这些经验？（教学策略）

（4）我们怎样确定这些目标正在实现？（课堂评价）

这就是课程的四个经典问题。泰勒课程原理又叫目标模式。泰勒提出的四个课程的基本原理不是相互分离的，而是以教育目标为中心，相互补充，相互协调，也就是要实现目标导向下教学目标、教学内容、教学策略和教学评价的一致，从而保证课程的有效实施。

二、教育目标分类学

当前，有的教师采用"三维目标"来表述教学目标，是不对的。无论是从理论还是实践来看，"三维目标"会混淆学习结果与学习过程的区别，混淆学习方法与学习过程的区别。本研究主要应用教育目标分类学的分类框架来撰写教学目标。

教育目标分类学是布鲁姆等人用分类学原理分析学生在课堂中发生的各种学习及其结果后提出的一种对教育目标进行分类的学说。

在这一学说中，布鲁姆将教育目标分为三个领域，即认知领域、情感领域和动作技能领域。其中，认知领域的目标从低到高分为六个层次：知识—领会—运用—分析—综合—评价。

安德森主持修订了《布鲁姆的教育目标分类学——分类学视野下的学与教及其测评》，把原来的一维目标改为二维的教育目标，并且强调新修订的教育目标分类学着重指向教学实践。

1. 安德森认知能力完善分类学的主要内容

这是安德森在布鲁姆教育目标分类学使用40年之后对其修订的版本，这次修订有了很多变化，其中最主要的是分类学表的变化。（见表3–1）

表3–1　分类学表

		认知过程维度					
		记忆	理解	应用	分析	评价	创造
知识维度	事实性知识						
	概念性知识						
	程序性知识						
	元认知知识						

（1）事实性知识（Factual Knowledge），指学生为了掌握特定学科知识或解决问题而需要了解的基本事实，主要包括：①有关术语的知识，指具有特定含义的具体言语和非言语的符号，如语词、数字、符号、图片等；②特定事物的要素和细节的知识，指事件、地点、人物、日期、信息源等方面的知识。

（2）概念性知识（Conceptual Knowledge），是指一个整体结构中基本要素之间的关系，表明某一个学科领域的知识是如何组织、如何发生内在联系、如何体现出系统一致等，主要包括：①分类和类别的知识，如地质时期的周期、商业物权的形式等；②原则和规律的知识，如毕达哥拉斯定律、供给与需求的关系等；③理论、模型和结构的知识，如进化论、国会的结构等。

（3）程序性知识（Procedural Knowledge），指做事的方法，探究的方法，应用技能、算法、技术或方法的规范等，主要包括：①特定学科的技能和算法的知识，如利用水彩笔画图的技能、整数除法等；②特定学科的技术和方法的知识，如访谈技术、探究的方法等；③决定何时应用适当方法的规则，如决定何时应用牛顿第二定律的规则，决定应用特定方法评估商业成本的可行性的规则，也称为条件性知识或产生式规则。

（4）元认知知识（Meta-cognitive Knowledge），指关于一般认知的知识，以及关于个体自己特定认知的意识和知识，主要包括：①关于认知任务的情境和条件的知识，如关于教师所采用的特定考试类型的知识，关于不同任务对认知加工的需求的知识；②策略性知识，如通过列提纲把握教科书中学科单元结构的知识，利用启发式规则的知识。

根据以上对四类知识的解释，可以很清楚地看到：事实性知识和概念性知识构成我们通常所理解的知识，即关于特定学科对象的陈述性知识；程序性知识既包括由特定学科的技能、算法和技术构成的技能，也包括决定何时应用适当方法的规则或解题技巧；元认知知识与我们通常理解的知识概念有很大的差别，既包括属于过程与方法目标的策略，也包括支持情感态度与价值观目标的价值判断。

在新修订的布鲁姆教育目标体系中，虽然L.W.安德森等对知识类型和认知过程两个维度进行了区分，但他们也非常重视两个维度之间的关系。一方面，他们认为特定的知识类型是有规律地伴随特定认知过程的，如记忆与事实性知识紧密联系，理解与概念性知识紧密相连，应用与程序性知识紧密相连；另一方面，他们也指出，分析、评价和创造是高水平的、通用的认知过程，不仅用于整合各种类型的知识，并且还可以用于促进记忆、理解和应用。

按照这一分析思路，可以根据与知识的联系方式，将认知过程分为两种类型：第一种类型包括记忆、理解、应用三种认知过程，它们与特定知识直接关联，强调准确、规范，可以称为刚性过程（Crystallized Process）；第二种类型包括分析、评价、创造三种认知过程，不仅可以整合各种知识，而且可以促进记忆、理解、应用，强调灵活、实用，可以称为柔性过程（Flexible Process）。显然，刚性过程是较低水平的认知过程，对应于知识与技能目标；柔性过程是更高水平的认知过程，对应于过程与方法目标。需要强调的是，在柔性过程中，以记忆、理解、应用等刚性过程作为加工对象，并促进这些过程的分析、评价和创造是建立在元认知知识的基础之上的，是包含认知过程和元认知过程的综合性过程。

根据修订后的布鲁姆教育目标分类学体系，知识与技能已经不属于两个目标领域，而是认知领域内的两种不同知识类型：知识对应于陈述性知识（事实性知识与概念性知识），技能对应于程序性知识。在这一分析框架下，知识与技能目标被界定为个体对事实性知识、概念性知识、程序性知识进行记忆、理解、应用等刚性加工的能力。由于刚性加工是以特定知识类型为对象的，知识与技能目标实际上只包括三类：记忆事实性知识、理解概念性知识、应用程序性知识。按照我国教师的习惯表达，前两类为知识目标，后一类为技能目标。

下面，参照新修订的布鲁姆教育目标体系的解释，分别对记忆事实性知识、理解概念性知识、应用程序性知识做详细说明。

（1）记忆事实性知识。所谓记忆（Remembering），就是对经历过的事物（知识）的识记、保持、再现或再认。虽然记忆所涉及的知识可以是四种类型知识中的任何一种或者其不同的结合，但从有实际意义的教育目标的角度来看，主要是指对事实性知识的记忆。

记忆事实性知识的具体表现包括再认与回忆两个方面。再认（recognizing），也称识别（identifying）就是从长时记忆中找到与当前呈现的信息一致的知识，如根据事物的图片说出其名称，或者从多种类似的事物中找到指定的事物；回忆（recalling），也称提取（retrieving），就是根据某个指令或提示，从长时记忆库中提取相关的信息，如背诵一首诗歌、写出一个化学式等。

（2）理解概念性知识。所谓理解（Understanding），就是将获得的新信息与原有知识产生有意义的联系，并纳入已有的知识结构中。从有意义的教育目标的角度来看，理解主要是针对各种形式的概念性知识，即分类和类别的知识，原则和规律的知识，理论、模型和结构的知识等。理解概念性知识主要包括以下7个方面的要求。

① 解释（Interpreting），即将指定的概念或原理从一种表达方式转换成另一种表达方式，常用的表达方式包括词语、图表、公式、模型等。解释的替代

说法主要有转换（Translating）、解释（Paraphrasing）、表征（Representing）和描述（Clarifying）等。

②举例（Exemplifying），即从一般概念或原理出发，找到符合条件的具体实例。找到的实例必须符合概念所要求的基本特征，如"等腰三角形两条边必须相等"。举例的替代说法主要有例证（Illustrating）和例示（Instantiating）。

③分类（Classifying），即识别某些事物是否属于某一类别，或指出某一事例是否符合某一概念或原理。分类的替代说法主要有归类（Categorizing）和包含（Including）。

④比较（Comparing），即找出两个或两个以上的客体、事件、概念、问题和情境等之间的异同。比较的替代说法可以是对照（Contrasting）、匹配（Matching）和映射（Mapping）。

⑤说明（Explaining），即根据经验或研究，阐明某一系统中的主要部分是什么，它们之间如何发生变化等。说明的替代说法主要有"建构一个模型"（Constructing a model）。

⑥总结（Summarizing），即从呈现的信息中抽象出一个概括的主题。总结的替代说法主要有概括（Generalizing）和抽象（Abstracting）。

⑦推断（Inferring），即从一组事例中发现特征及其相互联系，从而抽象出一个概念或原理。推断的替代说法主要有外推（Extrapolating）、添加（Interpolating）、预测（Predicting）和断定（Concluding）。

（3）应用程序性知识。所谓应用（Applying），就是指利用某种方法或程序完成特定的任务。从有意义的教育目标的角度来看，应用主要针对程序性知识。根据完成任务的要求不同，应用程序性知识可以分为执行和实施两种情况。

在执行（Executing）的情况下，学习者面对的是一个熟悉的任务，利用标准化的技能或算法完成这一任务。标准化的技能和算法有两个特点：一是其步骤遵循着固定的程序；二是只要正确地执行，其结果是可以准确地预料的。

在实施（Implementing）的情况下，学习者需要选择和运用一个适当的程序以完成一个不熟悉的任务。由于面临的是一个不熟悉的问题，所以学习者难以立即知道哪一个程序是适用的；在大多数情况下，没有一个程序是完全适合的，或多或少要做出一些调整。实施同应用技巧或方法类的程序性知识有关。它们有两个特点：一是程序并非固定，而是一组有不同决策点的流程；二是正确应用程序时常常不存在单一的、固定不变的答案。

2. 安德森认知能力完善分类学的重要特点

（1）更加合理的表述教学结果。分知识和认知过程两个维度，分别用名词和动词来表示。

（2）重在认知过程的理解与创造。重视子类划分，涉及六类十九种具体要素；突出认知过程的理解与创造，为培养问题解决能力奠定了基础；带有一定层级性，层级要求灵活松动，各类间允许有交叉重叠。

（3）为意义建构学习设计教学。强调区分三种学习结果：无效学习、机械学习（接受学习）、意义学习（发现学习）。

3. 安德森认知能力完善分类学的作用和意义

（1）安德森等对教育目标分类的修订围绕四个问题展开，有助于教育工作者从学生的角度来看待目标。

（2）为分析教科书和教学活动提供了操作性的工具。

（3）教师、学生能清楚地知道需要学什么，教师可以更好地有针对性地选择教学策略和评价方式。

（4）把教学、学生、评估紧密联系起来，突出其一致性，对目标的理解、教与学、评估和一致性问题大有益处。

该分类将认知过程维度细化为六类十九种，从中也可以看出各个不同时期教学观（流派）的变化。教学目标之所以被不断细化，是因为教学目标是选择教学策略和教学设计的依据，所有教学目标撰写得越具体就越好选择相应的教学策略和教学设计。正如当代教学设计家加涅提出的重要理念：不同的学习科目有相同的学习结果；相同的学习科目有不同的学习结果，所以需要各自的教学支持条件。教学的目的是为了促进学习。教学的设计和安排上的差异是由学习结果的类型及其学习条件不同造成的。

其中"领会"变为"理解"，"综合"变为"创造"；"评价"与"创造"交换位置，并且分类学表由一维变为二维；知识维度增加了元认知知识。

笔者认为"理解"的使用更广泛，"创造"在最近的研究中似乎更复杂。

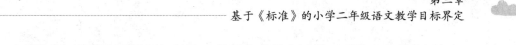

认知过程维度不构成积累性层级结构，前四个阶段有证据证明构成积累性层级结构，但是后两个尚无直接证据能证明。

　　教育目标分类学三大领域的目标，有利于教师明晰自己希望通过教学能让学生产生什么行为上的变化，从而为评价以及教学活动的设计奠定基础，使课堂教学具备"教–学–评一致性"。因此，依据教育目标分类学理论来分析教师的教学目标、评价和活动就能判断"教–学–评"是否一致。

小学二年级语文教学目标体系

教学目标是保障课堂教学"教–学–评一致性"的核心。课题组以目标分类学为理论依据，提高目标陈述技术，结合语文学科特点，把《语文课程标准》中提出的"语文核心素养为主要目标内容"进行分解，从目标的层级结构、目标的内容、目标的水平等方面依据教学实际需要进行细化，制订一套明确、具体、可观察、可测量的二年级语文教学目标体系，实现课程标准到课时教学目标的转化，为保障一线教师开展"教""学""评"教学活动奠定基础，从而促进"教–学–评一致性"。

一、语文目标陈述技术

"国家语文课程标准是教材编写、教学、评估和考试命题的依据，是国家管理和评价课程的基础。"崔允漷先生曾经在《国家课程标准与框架的解读》中解读了我国课程目标的陈述技术，主要从课程目标的层级结构、行为目标的陈述方式和要素做了详细的介绍。他指出，课程目标必须是分层次陈述的，以语文学科为例，可以分为如下几层。（见图3–1）

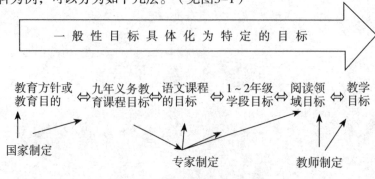

图3–1　国内语文学科目标层级

　　他还解读了行为目标陈述的两种类型：一种是结果性目标的方式，明确告诉人们学生的学习结果是什么，采用明确、可测量、可评价的行为动词；一种是体验式或表现性目标的方式，描述学生自己的心理感受、体验或明确安排学生表现的机会，采用体验性、过程性的动词。关于目标的基本要素，我国采用ABCD的表述模式，包括行为主体、行为动词、行为条件、表现程度四个要素。其中，要求行为主体为学生而不是教师，行为动词应尽可能可理解、可评估，行为条件指向结果，表现程度要具体明确。可是，这样的陈述技术本身存在不确定性和非标准性。皮连生教授等学者曾经对我国中小学教师设置与陈述教学目标的现状进行调查，发现在日常教学中，部分教师并不能掌握好目标陈述技术，出现采用的目标分类框架随意，采用的行为动词多为体验性或表现性目标的方式的问题，很难作为测量、评价的依据，如"能联系上下文，理解'此举'的意思，体会课文中关键词句在表达情意方面的作用""能初步把握文章的主要内容，体会文章表达的思乡感情"，等等。这些问题导致在日常的教学中，教学目标并不能很好地发挥导教导学导评的功能。

　　近几十年来，国内外许多教育心理学家一直致力于探索一种具体、清晰和明确的课堂教学目标的陈述方法。行为目标的陈述模式、格伦兰教学目标的陈述模式、表现性目标的陈述模式便是其中取得的成果。这些课堂教学目标的陈述方法为我们编写语文课堂教学目标提供了有益的启示。

　　为了指导教师能够更好地陈述教学目标，从而保障"教-学-评一致性"，本课题从以下方面讨论如何改进语文学科目标陈述技术。

1. 基于《标准》，细化目标层级结构

　　我国《义务教育语文课程标准》从层级结构看，是按"学段+领域"的格式来划分的，分为1～2，3～4，5～6，7～9四个学段，包括识字与写字、阅读、习作（写作）、口语交际和综合性学习等领域。学习领域下就是各领域的目标细则。但是，在我国义务教育阶段中，日常教学并不是完全按领域实施教学，"阅读课"是整个语文课程的主要部分，在"阅读课"中，也要进行"识字写字、习作、口语交际以及综合性学习"的学习任务。这样的层级结构设置不能帮助教师直接制订具体的课时教学目标。另外，在实际教学中，学习的推进是以时间为序的。每个学段的教学目标分年级、学期去进行，每个学期的教学以教科书为依托，按照教科书的单元为单位分为几个教学阶段去实施教学。对于教师而言，是通过一个个课时的教学，落实单元教学任务，再通过各个单元的教学，去落实学期的教学任务。

综上所述，要提高教师的目标意识，并发挥教学目标在教学中导教导学导评的作用，首先要有一个基于课程标准，但是为实际教学服务，构建的以教学时间为序的清晰明确的目标体系，如图3-2所示，从年段目标细化到年级、学期、单元教学目标，然后由教师以此为依据制订课时教学目标。

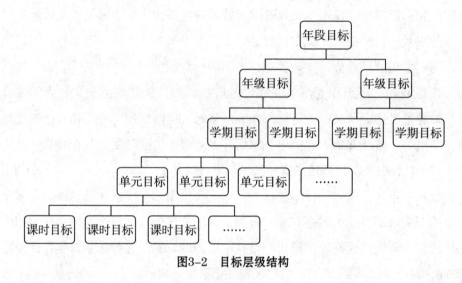

图3-2　目标层级结构

2. 基于语文，细化教学目标内容

语文是一门学习语言文字运用的综合性、实践性很强的学科。在语文课程标准里，语文学科的主要学习领域包括识字与写字、阅读、习作、口语交际以及综合性学习。这种分类方法，能够有效地帮助教师聚焦语文学科的本体性知识，指导教师选择教学内容，设计教学。以第一学段的识字与写字为例，课程标准从识字写字数量、态度、习惯等方面进一步细化了目标内容，如图3-3所示。这就要求教师在进行识字写字教学的时候，不仅要关注识字写字的内容，还要关注识字写字的兴趣、态度、习惯等非智力因素的具体表现，关注识字写字技能、策略的学习。

第一学段　识字与写字

1. 喜欢学习汉字，有主动识字，写字的愿望。
2. 认识常用汉字1600个左右，其中800个左右会写。
3. 掌握汉字的基本笔画和常用的偏旁部首，能按笔顺规则用硬笔写字，注意间架结构。初步感受汉字的形体美。
4. 努力养成良好的写字习惯，写字姿势正确，书写规范、端正、整洁。
5. 学会汉语拼音。能读准声母、韵母、声调和整体认读音节。能准确地拼读音节，正确书写声母、韵母和音节。认识大写字母，熟记《汉语拼音字母表》。
6. 学习独立识字。能借助汉语拼音认读汉字，学会用音序检字法和部首检字法查字典。

图3-3　课程标准关于第一学段的识字写字目标

但是，罗马不是一天建成的。课程标准只是提出了识字写字教学的宽泛标准，还是很笼统，具体到教学中，难以成为测量以及评价的依据。

另外，汉字是音形义的结合体，识字写字教学目标不仅包括会读、会写，更要求理解和运用，因此，在实际教学中，识字写字教学总是和词语教学相联系。即便是专题识字单元，或者"识字加油站"，识字写字教学都要遵循"字不离词，词不离句""在语境中识字"的原则。而词语教学在《语文课程标准》里却放在了"阅读"领域，只有简单的一条"结合上下文和生活实际了解课文中词句的意思，在阅读中积累词语"。词语是造句的最小单位，词语的认读、积累、理解、运用水平都直接关系着阅读能力和表达能力的水平。词语的学习是第一学段，乃至整个小学阶段语文学习的主要部分。可是在《语文课程标准》里，却没有关于"词语"的具体目标内容。美国加利福尼亚州英语内容标准被学界公认为是"细致、具体、全面的典范"。加州的《小学英语语言艺术课程说明》对州内各年级语言艺术课程阅读的教学意义、要点及教学效果等目标做了规定。如三年级语言课中关于"词汇"的教学目标如图3-4所示。

一、字的分析，流畅性和系统性的词汇发展31%

WA1.1 阅读时了解和使用复杂的词族（例如，-IGHT）解码不熟悉的单词。

WA1.2 解码规则的多音节词。

WA1.3 朗读叙事和说明性文本，要以流利、准确和适当的语速、语调进行表达。

WA1.4 使用反义词、同义词、同音字、异形词的知识，以确定词的含义。

WA1.5 掌握不同级的词语之间的特性知识，并解释这些关系的重要性（例如狗/哺乳动物/动物/生物）。

WA1.6 通过句子和词的上下文找到未知单词的含义。

WA1.7 使用字典学习生词的含义和其他特征。

WA1.8 使用前缀的知识（例如，unl-、re-、pre-、bi-、mis-、dis）和后缀的知识（例如，-er、-est、-ful），以确定字义。

图3-4　加州小学三年级语言课程说明（部分）

通过比较，可见加州英语内容标准非常具体、可测，这样的目标内容能够给教师教学提供非常清晰的方向，发挥了目标导教导学导评的功能。除此，课题组还检索了部分发达国家和地区的母语课程标准，研究比较各国语文学界对教学内容的选择和分类，发现多数发达国家都将语言知识教学和阅读、表达能力作为语文课程的主要目标内容。这些研究成果给课题组细化教学目标内容提供了研究思路。

统编义务教育语文教材二年级教科书在"教什么、学什么"方面有清晰的目标。教材将基本的语文知识、必需的语文能力、适当的学习策略和学习习惯分成若干个知识或能力训练的点，由浅入深，由易及难，分布并体现在每个单元的练习系统之中，成为语文学习的要素"。统编教材练习系统以《语文课程标准》为编写依据，吸纳语文课程改革的最新成果，遵循语文教育的基本规律和学生身心发展的特点，为课题组基于语文学科的性质和特点细化教学目标提供了依据。

综上所述，课题组按字词句学习与运用、阅读、表达以及学习习惯四个领域，以统编版二年级教科书的内容为依托，细化了每一个领域的目标内容。如此分类，更加符合语文学科的基本性质和特点，也更能帮助教师明确教学目标。（见表3–2）

表3–2 二年级教学目标内容

知识类型	内容	字词句学习与运用	阅读	表达	学习习惯
事实性知识	术语	1. 认识拼音的元素。 2. 认识生字词的音形义。 3. 认识各种表达有特点的句式	读准文段		
	具体细节元素知识				
概念性知识	分类和类目	1. 理解词语的意思。 2. 能按一定依据给词语分类。 3. 理解句子在文中的意思	1. 理解文本的内容。 2. 认识各种段式	理解文本中的例子	理解良好的学习习惯
	原理和概括				
	理论、模型、结构				
程序性知识	技能与算法	1. 运用拼音读准生字。 2. 运用识字方法认识生字。 3. 运用字典认识生字	能联系上下文、插图、生活经验等方法理解文本	能照例子仿说仿写	
	技术和方法				
	何时运用适当程序				
元认知知识	策略性	能根据生字特点选择已有的方法认识生字	认识阅读策略	能通过各种方式发现自己表达上的不足，并尝试完善	能提示自己保持良好的学习习惯
	关于认知任务的知识				
	自我知识				

3. 基于分类，细化教学目标水平

教学目标是指预期的学生的学习结果。同样是识字，不同的学习阶段，学生就应聚焦不同的知识内容，达到不同的学习结果水平。不同的知识分类，不同的结果水平，教学就应有不同的侧重点，采取不同的教学策略。比如，第一学段的识字教学，遵循"多认少写"的原则分别安排了会认和会写两种水平的教学目标。会认常用汉字1600个左右，会写常用汉字800个左右。根据心理学家的研究，认字讲求的是整体认记，而写字则需要对要书写的内容进行精细分析。多认是为了提早阅读，会写不仅为了学习书写，更重要是为了能够表达。因此识字写字的教学目标绝不仅限于课程标准中所要求的"认识常用汉字1600个左右，其中800个左右会写"，还应能够理解、积累并且运用。因此，要保障

"教–学–评一致性"，还需要在课程标准的基础上，进一步细化教学目标水平。

安德森等人对知识类型和认知过程两个维度进行了区分，他们非常重视两个维度之间的关系。课题组以教育目标分类学为依据，对二年级语文教学内容从知识类型进行了分类，遵循认知过程对教学目标进行了细化，并且提供了案例和行为动词，供教师们参考。（见表3–3～表3–6）

表3–3　二年级识字写字教学目标内容

知识类型	能力水平	二级指标	内容	行为动词
事实性知识	记忆	再认	准确认读拼音，区分声母、韵母、音调。用普通话准确朗读生字（词语、句子）	知道、朗读、识别、辨认
		回忆	借助图片、拼音、语音读出或写出相应的生字（词语、句子）	说出、听写、看图读（写）词语
概念性知识	理解	解释	给生字组词。说出词语的意思	组词（一字组多词）、说出、找出
		举例	用近义词或反义词来解释词语	
		分类	根据标准给词语进行分类	归类
		概括	找到词语或者句子共同信息	概括
		推论	借助图片、联系上下文或者生活经验解释词语	说出、推出
		比较	根据句子辨析近义词。根据词语或句子辨析多音字	比较、说出
程序性知识	应用	模仿	仿照样子说（写）词，说（写）句子	说出、写出
		独立应用	借助拼音拼读，认读新的生字。用词说话	
		迁移应用	在新的情境中说（写）句子	
元认知知识			能根据生字特点选择已有的方法认识生字	

表3-4　二年级阅读教学目标内容

知识类型	能力水平	二级指标	内容	行为动词
事实性知识	阅读积累	认读	用普通话正确、流利地朗读课文	识别、辨认、再认、回忆、
		背诵	按要求背诵指定内容	背诵
		默写	按要求默写指定内容	根据提示按要求默写
		运用	在新的情境下运用积累的内容	在新的情境下默写、填空
程序性知识	阅读理解	提取信息	从文本中直接提取信息。（这些信息指事件的主角，发生的时间、地点、背景，文章的主题、观点等）	提取、画出、找出
		解释与整合	1. 对文本中的关键词、句的理解、解释（如解释重要的或关键的词句的语境意义及作用）。 2. 对文本的整体感知（如对文本的主旨、主要内容、写作对象等的整体感知）	抄录、解释、找出近义词或反义词、填空、概括、选择
		分析与推论	1. 联系、对比、列举文本的相关信息，分析某个问题（如利用文本信息对相关问题做出合理的分析、说明）。 2. 联系、对比、列举文本的相关信息，做出某个推论（如推断或预测结果、情节等）	判断、分析
		评价与反思	1. 提取已有的知识，建构深层的理解，评价文本的内容（如评价的主题、价值、形象、细节等）。 2. 提取已有的知识，建构深层的理解，认识、评价文本的表达（如评价文本的语言、结构、表达方式等）	判断、评价、说出
		迁移与运用	联系、运用文本的相关信息，解决新情境下的问题	解释、分析、回答
元认知知识	阅读情感		1. 能感受到阅读的乐趣。 2. 喜欢阅读	

表3-5　二年级口语交际教学目标内容

知识类型	能力水平	二级指标	内容	行为动词
事实性知识	聆听	提取	能认真听别人讲话,努力了解讲话的主要内容	理解、判断、分析
		整合	听故事、看音像作品,能复述大意和自己感兴趣的情节	说出
		分析与推论	敢于发表自己的意见	说出、判断、分析
程序性知识	表达	运用	1. 学说普通话,逐步养成说普通话的习惯。2. 能较完整地讲述小故事,能简要讲述自己感兴趣的见闻	概括、运用
元认知知识	应对	评价	1. 与别人交谈,态度自然大方,有礼貌。2. 有表达的自信心。积极参加讨论,敢于发表自己的意见	判断、评价

表3-6　二年级写话教学目标内容

知识类型	能力水平	二级指标	内容	行为动词
事实性知识	表达	整合、运用	写自己想说的话,写想象中的事物,写出对周围事物的认识和感想	说出、写出
		迁移与运用	在写话中乐于运用阅读和生活中学到的词语	写出、运用
		运用	根据表达需要,学习使用逗号、句号、问号、感叹号	运用
程序性知识		评价	提取已有的知识,建构深层的理解,认识、评价写话的表达	判断、评价
元认知知识	写话情感		对写话有兴趣	

从表3-3～表3-6可见,语文学科性质决定了语文教学应以事实性知识、概念性知识为基础,以程序性知识为重点。统编教材编写较好地体现了学语文

和用语文贯穿全套教科书的理念，突出了语文学科语言文字的学习和运用的理念。该理念通过对目标的梳理，为教师制定教学目标，明确教学方向奠定了基础。

二、小学二年级语文各领域教学目标界定

1. 字词句学习与运用内容目标体系

字词句学习与运用主要侧重在语文基本知识与策略的学习，包括识字写字、词语、句子等知识以及如何获得的策略学习。在教科书中，字词句的学习与运用的学习内容主要依托课文分散在各课的课后习题中。如二年级上册第7课《妈妈睡了》（见图3-5）。

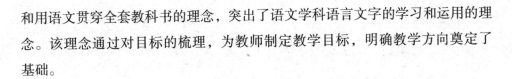

朗读课文。说说睡梦中的妈妈是什么样子的。

读一读，照着说一说，看谁说得多。

明亮的眼睛　水汪汪的眼睛　（　　）的眼睛
乌黑的头发　波浪似的头发　（　　）的头发

你看过妈妈睡觉的样子吗？说一说。

图3-5　二年级上册第7课《妈妈睡了》截图

就像《妈妈睡了》一课一样，教科书中每篇课文都包含了认字、写字内容，以及根据文本特点相机安排的一些词语学习以及句子学习的内容。除此，在语文园地中也设计了"字词句学习与运用"栏目。如二年级上册《语文园地三》（见图3-6）：

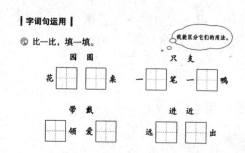

图3-6　二年级上册《语文园地三》截图

通过分散和集中相结合的设计，有效地渗透各语文要素，能够帮助学生螺旋上升，扎实地促进字词句的学习和运用。

在二年级语文的字词句学习与运用内容中，课题组依据知识分类梳理了如表3-7标体系：

表3-7　字词句学习与运用内容目标体系

知识类型	上学期	下学期
事实性知识	1. 能准确认读《识字表》上的450个生字以及组成的词语。累计认识1150个生字。 2. 准确书写《写字表》上的生字以及《词语表》中的词语。累计会写550个生字。书写汉字和词语做到大小适中，笔画到位，字体工整	1. 能准确认读《识字表》上的450个生字以及组成的词语。累计认识1600个生字。准确认读450个生字以及组成的词语。 2. 准确书写250个生字。 3. 书写汉字和词语做到大小适中，笔画到位，字体工整
概念性知识	1. 积累常用词语，能借助插图、联系上下文和生活经验等方法理解这些词语的意思。 2. 理解、积累本册教科书中动词、形容词、象声词、连词等学习内容	1. 继续积累常用词语，能主动尝试选择恰当的方法，如借助插图、联系上下文和生活经验等方法理解词语的意思。 2. 继续理解、积累本册教科书中动词、形容词、象声词、连词等学习内容
程序性知识	1. 综合运用各种识字方法认识汉字，喜欢识字，课外主动识字。 2. 综合运用各种识字方法辨析同音字、形近字，根据词语或句子来判断多音字的读音。 3. 掌握初步的读帖方法，能独立读帖，分析左右结构汉字的书写要领。	1. 能综合运用各种识字方法认识汉字，识字兴趣浓厚，课外主动识字。 2. 能综合运用各种识字方法辨析同音字、形近字。 3. 整理学过的多音字，能根据语境判断多音字的意思。

续 表

知识类型	上学期	下学期
程序性知识	4.表达中，主动运用学过的词语，把句子说写得更加准确和生动。 5.熟悉音序查字法和部首查字法的步骤，能根据实际情况选择查字法认识新的汉字，查字典有一定的速度	4.养成勤于积累词句的习惯，能综合运用多种方法理解词语的意思，能在语境中辨析近义词，并能主动运用到日常的表达中。 5.熟悉本册教科书中有特点的词组和句式，并能在新的情境中仿说仿写。 6.熟练运用字典，能查字典认识新的汉字，查字典速度较快
元认知知识	写字姿势正确，养成良好的书写习惯	写字姿势正确，养成良好的书写习惯。掌握初步的读帖方法，能独立读帖，掌握常见结构汉字的书写要领

从表3-7可见，字词句学习内容强化了程序性知识的学习，符合语文学科性质，体现了综合性、实践性的学习特点。

2. 阅读内容目标体系

阅读部分主要指向阅读积累、阅读基本能力以及初步阅读习惯等内容（见表3-8）。

表3-8　字词句学习与运用内容目标体系

知识类型	上学期	下学期
事实性知识	日积月累： 1.熟读本册教科书上的课文，准确背诵要求背诵的段落和课文。 2.准确背诵学过的28首古诗。 3.准确背诵日积月累的诗句名言	日积月累： 1.熟读本册教科书上的课文，准确背诵要求背诵的段落和课文。 2.准确背诵学过的38首古诗。 3.准确背诵日积月累的诗句名言
程序性知识	能独立阅读与课文篇幅相当的短文： 1.能借助插图、联系上下文和生活经验等方法理解文中词语的意思。 2.学习边读边想，能按要求圈画相关内容，根据问题提取信息。 3.能正确流利朗读文本，读懂文本，形成初步的阅读感受。 4.能按计划完成课外阅读任务，乐于和他人分享阅读感受	能独立阅读与课文篇幅相当的短文： 1.根据问题提取信息，读懂文本，联系生活经验形成初步的阅读感受。 2.能读懂简单的导览图、示意图，解决生活中的问题。 3.学习默读的方法，初步学习边读边思考。 4.喜欢阅读儿童诗，感受儿童诗的特点。 5.能按计划完成课外阅读任务，乐于和他人分享阅读感受

续 表

知识类型	上学期	下学期
元认知知识	能根据问题阅读，并对问题的答案进行校正，对阅读过程有初步的反思	能根据问题阅读，并对问题的答案进行校正，对阅读过程有初步的反思

3. 表达内容目标体系

表达主要指向口语交际能力和书面表达能力。（见表3-9）

表3-9　表达内容目标体系

知识类型	上学期	下学期
程序性知识	1. 能借助插图或者提示有条理复述故事和讲故事，故事完整，吐字清楚，态度大方。 2. 能有条理说明制作手工作品的过程，灵活运用表示顺序的词语，使得表达更加清楚。 3. 学会文明交流，掌握商量的方法，遇到问题能和他人商量解决。 4. 聆听他人发言，要做到文明有礼，能抓住主要信息提出问题或者提出建议。 5. 能围绕话题展开，在原稿纸上写几句话。句子之间语义连贯，标点符号使用正确。主动运用学过的句式和词语	1. 能借助插图或者提示有条理复述故事和讲故事，故事完整，吐字清楚，表达更加流利，态度大方。 2. 学会文明交流，根据情境把握说话的语气。 3. 聆听他人发言，要做到文明有礼，能抓住主要信息提出问题或者提出建议。 4. 能围绕话题展开，思维比较开阔，在原稿纸上写几句话。句子之间语义连贯，标点符号使用正确。主动运用学过的句式和词语
元认知知识	能根据要求朗读自己的写话，并做出简单的评价	能根据要求朗读自己的写话，并做出简单的评价

4. 学习习惯内容目标体系

习惯主要包括识字写字习惯、阅读习惯、反思习惯等。（见图3-7）

1. 逐步养成"一看二写三对照"的写字习惯。
2. 逐步养成预习习惯。能在学习新课文前主动预习，借助拼音把生字读准，把课文读通顺，读正确。
3. 学习小结，初步养成反思习惯。能设立改错本，及时摘录书写错误的生字，并定期复习。
4. 课外阅读习惯。能够在老师指导下，制订课外阅读计划，并按计划完成阅读。课外阅读能爱护书籍。
5. 积累习惯。晨读晚诵，设立积累本，及时积累新认识的字词

图3-7　学习习惯内容目标体系

第四章

基于《标准》的学生学业评价设计

　　本研究中的评价，包括课堂教学评价以及学生学业评价。根据古若勒得（Gronlund）和里恩（Linn）的观点，基于教学的学业评价可以分为设置性评价、形成性评价、诊断性评价和总结性评价。总结性评价是对一个相对完整的教学周期学生的学习表现做出的综合判断。总结性评价的内容与方式，都直接影响这个教学周期教师的教和学生的学的表现，在整个教学系统中起着关键的作用。本章主要论述通过制订年级教学计划，对合理规划"教–学–评"工作，以及优化学生学业评价两个方面提出建议，以保障教学周期中，教师能做到"教–学–评"一致。

制订二年级教学计划

　　教学计划是根据教学目标制订的教学和教育工作的指导文件，具体说明课时分配、教学进度、教学目标等内容。古语云"凡事预则立"，教学计划是保障学校教师顺利开展教学工作，完成学期教学任务的保障。为了保障教师能够更好地围绕目标开展教学工作，保障"教–学–评一致性"，课题组根据二年级教学目标，制订了二年级上下学期的教学计划。如表4–1所示：

表4–1　2017学年第一学期二年级语文教学计划表（九月）

教学进度	教学内容	教学时数		教学目标	备注
九月	单元导读：自然的秘密	1	字词句运用	1. 能准确认读本单元50个新字及组成的词语，积累常用词语。能联系生活归类识字	
	1. 小蝌蚪找妈妈	2		2. 能准确朗读、理解并积累4个新的多音字	
	2. 我是什么	2		3. 巩固正确的写字姿势，能正确书写30个汉字及组成的词语。学习读帖，观察左右结构的汉字的左右布局	
	3. 植物妈妈有办法	2		4. 能在语境中理解文中动词的意思，积累有特点的词组，并在表达中主动运用	
	口语交际：有趣的动物	1		5. 能运用"有时候……有时候……""谁在哪里干什么"等句式表达	
	语文园地一	3	阅读	1. 能借助插图、语句，提取文本信息，理清说明顺序，理解课文内容，通过阅读了解植物的特点。正确朗读课文	

续 表

教学进度	教学内容	教学时数	教学目标		备注
九月	课外阅读指导及交流 （1）关于"自然的秘密"的科普童话。 （2）《没头脑和不高兴》。 （3）听读"午餐故事屋"专辑一	2	阅读	2. 能准确背诵《植物妈妈有办法》以及日积月累的古诗《梅花》	复习一年级积累的古诗词
				3. 能独立阅读关于"自然的秘密"主题的科普童话	
				4. 能通过阅读书籍的封面提取相关信息	
				5. 通过本单元学习，激发对大自然的热爱	
			表达	1. 能借助图画复述课文，条理清晰，吐字清楚，态度大方，有礼貌	
				2. 能围绕话题准备说话内容，与同学交流"有趣的动物"。做到条理清晰，吐字清楚，态度大方，有礼貌。能认真倾听同学的说话，并学会回应同学的发言。交流后，可以把自己和同学交流的内容写下来，并配上图画或照片	
			学习习惯	1. 建立课外识字本	
	单元复习和评价	2		2. 建立错题本、好词佳句积累本	
	小计	15		3. 在老师和家长的指引下，建立读书计划	

从上表可见，教学计划表包括了教学进度、教学内容、教学时数、教学目标等内容。教学进度的合理安排能有效地帮助教师把握教学节奏，合理地安排教学内容。

首先，教学计划中明确了每个单元的教学内容和分配相应的教学时数。

教学内容除了教科书上的单元内容，还增加了单元导读、课外阅读指导及交流以及单元复习和评价等内容。这是保障"教-学-评一致性"的主要策略。

在学期教学目标的指导下，教师需要对全学期的教学内容切割成若干教学单位，才能实施教学。统编教材单元内容组合方式多元化，有的是题材组合，有的是文体组合，有的是综合组合。二年级教科书中各有7个阅读单元，一个识字专题单元。每个单元由3～4篇课文（包含课后练习）和1个语文园地组成。语文园地编排了识字加油站、字词句运用、写话、书写提示、我的发现、展示台、日积月累、我爱阅读等栏目。"书写提示""我的发现""展示台"在各单元语文园地中穿插安排，"写话"和"口语交际"轮流出现。每个单元既有较为宽泛的人文主题，也有非常明确的语文学习要素。具体如表4-2：

表4-2　二年级上册教科书人文主题及语文要素编排一览表

单元	人文主题	语文要素
第一单元	大自然的秘密	积累并运用表示动作的词语
第二单元	儿童生活	阅读课文，说出自己的感受或想法
第四单元	家乡	联系上下文和生活经验，了解词句的意思
第五单元	思维方式	初步体会课文讲述的道理
第六单元	伟人	借助词句，了解课文内容
第七单元	想象	展开想象，获得初步的情感体验
第八单元	相处	自主识字，自主阅读；借助提示，复述课文

表4-3　二年级下册教科书人文主题及语文要素编排一览表

单元	人文主题	语文要素
第一单元	春天	朗读课文，注意语气和重音
第二单元	关爱	读句子，想象画面
第四单元	童心	运用学到的词语把想象到的内容写下来
第五单元	办法	根据课文内容，谈谈简单看法
第六单元	大自然的秘密	提取主要信息，了解课文内容
第七单元	改变	借助提示讲故事
第八单元	世界之初	根据课文内容展开想象

从表4-3可见，不仅在单元内的课文围绕同一个要素进行多角度、多层次的训练，而且单元之间形成互相联系的有机整体。因此，我们一直要求教师强化单元整体备课，加强文本解读，关注文本之间、文本与园地各栏目之间、单元与单元之间的联系，制订教学计划，需要明确地把"单元导读"作为教学内容之一，并安排具体的教学时数。

除此，统编教材非常重视学生自主的阅读实践，设置了"我爱阅读"以及"快乐读书吧"内容，从课文到学生自主阅读的"我爱阅读"，再到引导学生课外阅读的"快乐读书吧"，形成了一个课内外紧密结合的阅读课程体系，促进学生阅读素养的提升。课外阅读不再是语文教学的附属品，不是锦上添花的事物，而是教师教学内容之一，课外阅读课内教，是用好统编教科书，落实教学目标的重要任务。因此，在教学计划中也明确了课外阅读指导课、分享课的教学时数。

评价是教学系统中的重要环节。为了帮助教师强化评价意识，适时地引导学生进行小结和反思，在教学计划中，也明确安排了单元复习和评价的教学时数。

其次，教学计划根据每个单元的教学内容，进一步分解了学期教学目标。

课题组依据每个单元统编教科书的特点，进一步把学期教学目标分解为单元教学目标，从字词句运用、阅读、表达、习惯四个板块进行阐述。目标内容与教科书内容更为紧密，除了二年级一般性教学目标，也突出了该单元中独有的语文要素，阐述得更加具体和明确，为教师进一步撰写课时教学目标提供了依据，也利于教师在每个单元完成教学后，能够对照目标进行小结和反思。

优化学业评价，促进语文核心素养的养成

当课程标准转化为学习目标后，学习评价的设计就应与学习目标一致，才能提高教学效益。学业评价是学习评价的重要组成部分。

语文学科的目标和任务聚焦在"语言文字的运用"上，体现了语言的学习是为学生的发展服务，主体应是学生，只有把学习的过程还给学生，让学生读、学生写、学生说、学生思……语言文字的学习才有可能真实地发生。

语文学科的目标和任务聚焦在语言文字的运用上，还说明了语言的学习应重视语境的创设。只有在真实的语境中，语言的学习才有用武之地，语言才有温度。

语文学科的目标和任务聚焦在语言文字的运用上，还强调了语言学习的机制是转换，阅读与表达的转换，课堂与生活的转换，文字与情感的转换……教师要努力把握转换的交切点，寻求转换的方式，展开转换的过程，创造转换的环境，才有可能实现学生语言能力的提高，实现全面提高学生的语文素养的目标。

语文学科的学业评价也应该体现以上的特点，与语文学科的目标和任务保持一致，发挥评价的导教、导学的功能。

一、强化表现性评价

表现性评价是一种强调建构性、标准性、过程性和真实性的评价。"表现性评价为测量学习者运用先前所获得的知识解决新问题或完成具体任务能力的一系列尝试。""表现性评价不只是一种评价方法，更体现出了一种很有意义的评价理念。"

语文是一门实践性很强的学科。在二年级的教学中，写字水平和姿势、口语交际、课外阅读等领域都难以采用传统的纸笔测试方式对学生的学习结果进行恰当的评价。基于真实任务的表现性评价就能实现这一目标。因此，课题组设计了关于写字姿势、口语交际以及课外阅读的表现性评价方式，作为学期学生学业评价的组成部分，占学期学业评价的25%~30%的权重。

1. 写字水平和姿势评价

写字教学是二年级的重要内容。课程标准从书写水平、书写姿势、书写习惯等方面提出了目标内容。纸笔测试只能检测学生书写的正误，书写水平、姿势、习惯都难以评价，导致很长一段时间以来，教学中，教师只关注学生书写的结果，停留在对书写对错的关注，但是忽略了学生的写字姿势、写字习惯的培养，导致"教–学–评"不一致。课题组设计了书写的专项评价，和纸笔测试一起综合地评价学生的写字水平，改变了这一现象。

写字专项测评分三个阶段进行。第一个阶段在二年级上学期初，主要观察学生的握笔姿势和坐姿，看学生是否掌握了一般的书写要求。见图4-1。

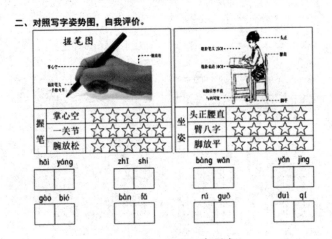

图4-1　第一阶段写字要求

第二个阶段是上学期的期末，从以下几个方面来设计评价内容：

（1）书写姿势。具体包括评价学生的握笔姿势和坐姿。15分钟内能保持正确姿势完成书写15个词语。开始进行写字评价前教师提示书写姿势。

（2）书写水平。具体包括正确率、汉字书写的笔画、布局、大小。见图4-2。

1. 写字专项评价。

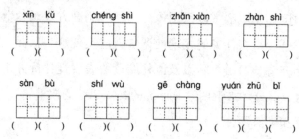

xīn kǔ　　chéng shì　　zhǎn xiàn　　zhàn shì

(　　)(　　)　(　　)(　　)　(　　)(　　)　(　　)(　　)

sàn bù　　shí wù　　gē chàng　　yuán zhū bǐ

(　　)(　　)　(　　)(　　)　(　　)(　　)　(　　)(　　)

老师提醒我									
写字姿势						写字水平			
掌心空	一关节	臂八字	身正	腰直	脚放平	笔画不到位(A)	布局不合理(B)	大小不适中(C)	正确 错误
						(　)个	(　)个	(　)个	(　)个 (　)个

图4-2　第二阶段写字要求

第三个阶段是下学期的期中和期末，仍从书写姿势和书写水平来举行专项评价，但是书写词语增加为20个。见图4-3。

读拼音，写词语，把词语写在田字格里。

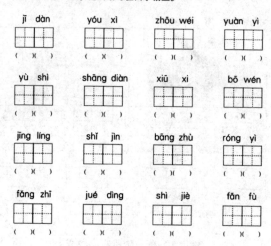

jī dàn　　yóu xì　　zhōu wéi　　yuàn yì

(　)(　)　(　)(　)　(　)(　)　(　)(　)

yù shì　　shāng diàn　　xiū xi　　bō wén

(　)(　)　(　)(　)　(　)(　)　(　)(　)

jīng líng　　shǐ jìn　　bāng zhù　　róng yì

(　)(　)　(　)(　)　(　)(　)　(　)(　)

fǎng zhī　　jué dìng　　shì jiè　　fǎn fù

(　)(　)　(　)(　)　(　)(　)　(　)(　)

老 师 提 醒 我									
写 字 姿 势 (打 "√")						写 字 水 平			
掌心空	一关节	臂八字	身正	腰直	脚放平	笔画不到位(A)	布局不合理(B)	大小不适中(C)	正确 错误
						(　)个	(　)个	(　)个	(　)个 (　)个

图4-3　第三阶段写字要求

写字专项评价主要采用观察法进行表现性评价。为了能够客观准确地观察评价，设计了相应的观察量表，供观察者每五分钟记录学生的写字姿势。通过观察结果的分析，能够帮助教师和学生发现写字姿势的具体问题，以及书写的不足，从而思考改进的方法。

写字专项评价较好地强化了教师的评价意识，重视学生写字的姿势、良好写字习惯的培养，从而保障教学能够围绕目标展开，促进了"教-学-评一致性"。

2. 口语交际专项评价

口语交际的改革是统编教材的一大亮点。教科书建构了清晰的口语交际目标体系。每一次交际活动，都会从倾听、表达或交流的角度列出两项一般性的、可以迁移运用与日常交际活动的重要交际原则，以"小提示"的方式呈现出来。这些交际原则既是教师设计口语交际活动的教学目标，也是评价学生口语交际结果水平的评价目标。口语交际课程的特点在于情境性、过程性，非常适合采用表现性评价。

课题组根据本学期的口语交际教学目标，设置新的交际话题，在新的情境下，评价学生的口语交际水平。比如讲故事是二年级口语交际中重要的内容，课题组设计了如图4-4所示的评价内容：

2.从以下内容中选择一个给大家讲故事，然后请大家评价你讲得怎么样。《坐井观天》　《狐假虎威》　《大禹治水》　《刻舟求剑》

评价内容	水平表现				
故事完整	☆	☆	☆	☆	☆
有条理	☆	☆	☆	☆	☆
吐字清楚	☆	☆	☆	☆	☆
态度大方	☆	☆	☆	☆	☆

图4-4　讲故事

又比如在二年级上学期，通过四次口语交际训练，学生能够围绕话题有顺序地讲述事件，用上表示顺序的词语，使得表达更加清楚。能够认真聆听他人发言，做到文明有礼，抓住主要信息提出问题或者建议。遇到困难要学会用商量的口吻和他人交流。如何评价学生是否达成口语交际目标呢？我们设计了一个真实的学习情境——期末复习做单元词卡，见图4-5。基于这样的情境，设计了两个小任务：组内制作词卡和组间交流怎样制作词卡；玩词卡的游戏。在这两个任务驱动下，学生要用上一学期以来口语交际课学到的本领，解决新的问题。每个学生既是口语交际的实践者，也是口语交际的评价者，有效地达到了评价的目的。

动手做一做：做词卡 快活

1.把全班同学分成8个小组，分别负责制作每个单元的词卡。

（1）制作前，请先和小组的同学**商量**制作的方法，需要用什么材料，怎样分工，商量好了才开始制作。遇到困难还可以和老师、父母商量商量。

（2）做好了词卡，请和其他小组的同学互相交流，你们小组是怎样制作词卡的？说话要有条理，聆听的同学要认真，能提出有用的建议，把词卡做得更漂亮。

2. 和同学玩一玩读词卡的游戏：（1）可以小组交换词卡，玩"我读你找"的游戏，互相考一考；（2）可以从词卡里找出近义词反义词朋友；（3）可以随机抽取词卡练习用词说句子，比一比谁说得好……

图4-5 动手做词卡

3. 课外阅读专项评价

课外阅读的指导也是教学的主要内容，因此，也应该有恰当的评价方式。二年级的课外阅读教学目标水平比较低，主要是能初步激发阅读的兴趣，在教师的指导下安排阅读计划，完成基本的阅读任务，初步养成经常阅读的习惯。根据教科书的教学要求，课题组设计了如下的评价要求：

（1）按时完成课外阅读计划。

（2）占期末综合评价5%。

（3）教师可设计家长问卷和学生问卷，了解学生一学期以来阅读的内容、数量、是否有和家长进行交流分享等表现性因素。（选做）

二、优化总结性评价

总结性评价是指在教学过程结束后，如完成一个学期的教学任务后所进行的学业考查，旨在了解学生实际达到教学目标的程度，对学生一个学期的学习表现，给予总体的判断。总体性评价的内容、方式往往影响着教师的教学。语文学科的总结性评价指向二年级语文教学目标的达成，从字词句的学习与运用、阅读、表达三个方面设计总结性评价内容，体现出以下特点。

1.强化学生评价主体的价值

评价内容设计与教学计划互相呼应，紧扣本学期教学目标从四大板块帮助学生梳理学习内容，巩固学习情况，提升学习能力，力求体现"教-学-评一致性"，提高教学效益。

评价内容分成知识整理、学习目标以及练习设计三个部分。知识整理采用导图的方式，引导学生对一学期的学习内容进行梳理和反思。

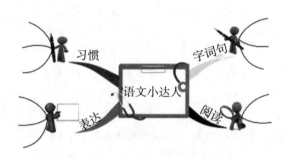

图4-6 "语文小达人"思维导图

教师可以结合板块复习内容引导学生丰富导图，画出下一级分支内容；也可以引导学生从四大板块先整理出要复习的内容，然后分板块组织复习。以"习惯"为例，可以进一步分支出：写字习惯、课外阅读习惯等。（见图4-6）

每个板块都呈现清晰的学习目标，从学生的角度进行表述，明确评价内容，发挥了学习的能动性。如"字词句运用"板块。（见图4-7）

字词句运用

我能做到：

1. 综合运用各种识字方法认识汉字，喜欢识字，课外主动识字。准确认读《识字表》以及组成的词语。

2. 综合运用各种识字方法辨析同音字、形近字，根据词语或句子来判断多音字的读音。掌握初步的读帖方法，能独立读帖，分析左右结构汉字的书写要领。准确书写《写字表》以及《词语表》。书写汉字和词语做到大小适中，笔画到位，字体工整。

3. 写字姿势正确，养成良好的书写习惯。

4. 积累常用词语，能借助插图、联系上下文和生活经验等方法理解这些词语的意思，并能主动运用到日常的表达中。

> 字词句运用
>
> 5. 复习本册教科书中动词、形容词、象声词、连词等学习内容，主动运用到表达中，把句子说写得更加准确和生动。
> 6. 复习本册教科书中有特点的词组和句式，并能仿说仿写。
> 7. 熟悉音序查字法和部首查字法的步骤，能根据实际情况选择查字法认识新的汉字，查字典有一定的速度。
>
> 经过复习，我获得了＿＿＿＿＿＿＿＿＿颗星。

图4-7 "字词句运用"板块

每一道题目前面有一个小图标，学生做对题目可以引导学生给图标涂上颜色，没有做对的题目就要改正后才能涂上颜色，以帮助学生对自己的学习情况有一个直观的评价。（见图4-8）

> 读一读，用加点的词语说说图画上的内容，选一句写下来。
> ◇它好像从天上飞下来的一个大桃子，落在山顶的石盘上。
> ◇那巨石真像一位仙人站在高高的山峰上，伸着手臂指向前方。

图4-8 写句子

在评价内容中还有多个地方有泡泡，泡泡里的内容以学习伙伴陪伴学习的方式引导学生注意学习方法的梳理，突破学习难点。（见图4-9）

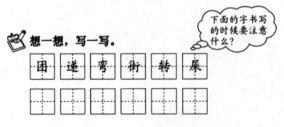

图4-9 想一想，写一写

在二年级上下册教科书中，非常注重方法的渗透。如理解词语的各种方法就散落在各课文当中。复述方法更是通过课后习题逐一呈现。总结性评价内容先引导学生回顾本学期学习的理解词语和复述的方法，通过导图进行整理。然后再让学生在完成复习册的练习中灵活运用各种方法，完成练习。见图4-10。

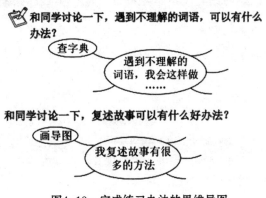

图4-10　完成练习办法的思维导图

方法的梳理不是要停留在概念的获得，而是旨在帮助学生在实践中运用，提高解决问题的实际能力。比如复述前，要先做一个准备。学生可以仿照课文提取关键词，关键句，也可以画导图，列表格……用上学过的方法进行思路的整理，为复述做好准备，见图4-11。

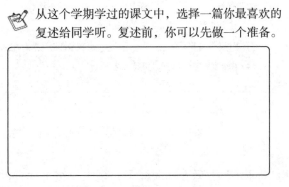

图4-11　复述最喜欢的课文

总之，获得题目答案不是评价的最终目的，关注学生如何获得答案，如何借助复习提高语用能力，如何在语用实践中提高思维能力，才是评价的最终目的。

主体取向的课程评价认为，评价是评价者与被评价者、教师与学生共同建构意义的过程。只有让评价对象积极参与，评价结果才容易被评价对象认同，才能最终发挥以评价促进学生发展的功能。学生在参与评价的过程中，也是对学习情况的自我管理过程，这种自我监控管理能力也是最为重要的学习能力。

2. 凸显学科综合性、实践性的特点

语文课程是一门学习语言文字运用的综合性、实践性课程。总结性评价内容设计力求体现语文学科的学习特点，结合学生的生活需要，与学生生活紧密联系，非常重视创设生活化的真实的运用情境，在情境中促进语言的转换。见图4-12。

人物画像

读读下面的句子，完成下面的练习。

1.<u>明亮的眼睛</u>闭上了，紧紧地闭着；弯弯的眉毛，也在睡觉，睡在妈妈红润的脸上。

2.朱德同志穿着草鞋，戴着斗笠，挑起粮食，跟大家一块儿爬山。

3.周总理身穿对襟白褂，咖啡色长裤，头上包着一条水红色头巾，笑容满面地来到人群中。

(1) 照样子用"＿＿＿＿"画出描写人物外貌的词语。

(2) 读一读，照样子说一说，看谁说得多。

明亮的眼睛　　（　　　　）的眼睛　　（　　　　）的眼睛

乌黑的头发　　（　　　　）的头发　　（　　　　）的头发

弯弯的眉毛　　（　　　　）的眉毛　　（　　　　）的眉毛

(3) 请观察老师的衣着，把句子补充完整。

＿＿老师今天身穿＿＿＿＿＿＿＿＿＿＿，笑容满面地来到课室。

(4) 向课文学习，描写你的同学或者家人。

＿＿＿＿＿＿＿＿＿＿＿＿＿＿＿＿＿＿＿＿＿＿＿＿＿＿＿＿

＿＿＿＿＿＿＿＿＿＿＿＿＿＿＿＿＿＿＿＿＿＿＿＿＿＿＿＿

图4-12　"人物画像"课程

学习运用恰当词语来描写人物的样子，是二年级上学期的一个学习目标。图4-12中的这道题目整理散落在各篇课文中关于描写人物样子的句子，先通过朗读回顾相关的内容：第一句描写了人物的五官，第二句描写了人物的动作，第三句描写了人物的衣着。这几个句子都是引导学生学习描写人物外貌的良好示范。然后通过四道习题，引导学生从圈画、仿说，再到真实情境中观察老师的衣着，把句子补充完整，最后让学生综合运用这些方法描述同学或者家人的外貌。从词语学习到句子的训练，从学习课文的语句到联系自我的生活与体验，实现了语言学习从输入到内化到外化的转换过程，促进了从认读、理解、

积累到综合运用能力的发展。语言的学习不是孤立的，抽象的，单一的，而是多元的，综合的，个性的，语言的学习成为儿童成长的养料，成为儿童解决生活问题的本领，语言的学习灌注了蓬勃的生命力。

二年级上学期期末的总结性评价写话部分中有这样一道题，见图4-13。

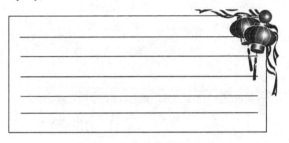

2.春节要到了，请你写张贺卡，送给亲爱的老师吧！

读一读：春节　快乐　祝福　常常　无论

想一想：在老师的教育下，我们愉快度过了一个学期的学习。你们一定有很大的收获吧。新春之际，你有什么话想对老师说？请写在卡片上吧！

写一写：

图4-13　送给老师的春节贺卡

这道习题为"写贺卡"任务，设计了"读一读""想一想""写一写"三个内容。"读一读"出现的几个词语来自本学期生字词。通过这一整理，唤醒学生对已学过词语的认识，有益于促进学生达成"在表达中有意识运用积累过的词语"的学习目标。"想一想"创设了交际情境，利于激发学生的表达愿望。表达过程经历从摄取到构思再到言语表达三个过程。两个学习任务较好地辅助学生完成了摄取和构思的准备，为言语表达打下基础。富有节日气氛的贺卡图采用了活页设计，学生完成后，可以剪下来应用于实际生活。这样的设计较好地体现了语言学习综合性和实践性的特点，也使促进学生语文核心素养的养成成为可能。

3. 突出学习语文的趣味性

评价练习中设计了较多的猜、演、比、画等学习活动，力求让学生在游戏中学习，感受学习的乐趣。比如，将象声词的学习变为"有趣的音乐盒"，目的在于让学生在丰富的生活情境中运用象声词。见图4-14。

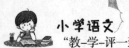

有趣的音乐盒：

猜猜下面词语的读音，再选择合适的放在句子里读一读。

喵　铃　汪汪　咕咕　咯咯　沙沙沙
轰隆隆　滴答滴答　嗨哟嗨哟　叽叽喳喳

◇ "_____"，上课铃声响了，同学们都从操场回到课室准备上课。

◇闹钟 "_____"，已经深夜。爸爸还在灯下认真地工作，只听见笔尖滑过纸张的 "_____" 声。

照样子，和同桌玩玩 "我说你说" 的游戏。

我说：下雨啦　　　你说：哗哗哗

我说：_____　　　你说：_____

图4-14　有趣的音乐盒

给图画涂上自己喜欢的颜色，然后看图说词写话。

1. 看图写词语，比一比，谁写得多。

一（　）路灯　　　　一（　）雪人

一（　）欢笑　　　　一（　）糖葫芦

___（　）___　　　___（　）___

___（　）___　　　___（　）___

2. 从下面的词语中选词看图写句子。比一比，谁写得多，写得美。

快活　眼睛　欢笑　美丽　大雪纷飞　清早　到处

_____

_____

图4-15　给图上色，看图写话

量词词组的学习是二年级上册一个重要学习目标。在一年级学习的水平上，提出了不同的事物用不同的量词，不同的量词表现不同事物的不同特点的目标。题目把量词的词组的评价内容置于一个雪景图中，要求学生把量词的运用和观察事物联系起来，更能真实地评价学生根据事物特点恰当使用量词的能力。第二小题是二年级上册要求掌握的生字词语。要求学生运用上这些词语来看图写话，也有益于促进学生达成"在表达中有意识运用积累过的词语"的学习目标。学生不仅可以通过观察图画完成两道习题，还可以给图画上颜色。上颜色是第一学段学生非常喜欢的学习方式。通过给图画上颜色，也促进了学生多感官参与学习，从而提高了学习的兴趣和评价的效能。（见图4-15）

　　综上所述，遵循语文学习的规律设计总结性评价内容，才能有效地促进教师转变教学观念，保障"教–学–评一致性"。

第五章

目标导向的逆向课堂教学设计

　　教学设计是在分析教学需求与问题的基础上，进一步确定解决教学问题的步骤和方案，通过评价和反馈来检验方案实施的效果，并修订完善方案，以优化教学的一种规划过程操作。教学设计包括教学目标的制订、教学内容的分析和选择、教学过程的设计、教学评价的设计等要素。假如把教学设计看成一次旅行，那么教学目标则是这次旅行预期达到的结果，教学评价则是证明这次旅行是否已经达到预期结果，教学内容的分析和选择是准备为确保达到旅行结果所需要的材料，而教学过程的设计则是朝着目标前行的旅途规划。教学设计是教师保障学生能够通过教学活动实现教学目标，达到教学预期效果的关键因素。

　　在日常的教学活动中，虽然，教学设计之初，教师有对教学目标进行分析和设定，但是，教学目标并没有能够发生对教学内容以及教学过程的指导作用，教师往往关注的是"教什么"和"怎么教"的问题，至于为什么选择这些内容教，为什么这样安排教学程序，为什么设计这样的教学方式？却缺少深入的思考。因此，导致了"教-学-评"的不一致，从而削弱了课堂的教学效率。

　　那么目标导向下的教-学-评一致的教学设计框架是怎样的呢？课题组基于威金斯和麦克泰关于逆向设计（Back Ward Design）模式的研究成果，设计了逆向的小学语文二年级教学设计框架。

逆向课堂教学设计框架的特点

逆向的教学设计框架就是要求教师在开始设计教学或者组织单元学习时，先确立学习目标，紧接着对学习评价进行相应的设计。这种教学设计方式有别于将学习评价设计置于教学结束之后的传统做法。逆向的教学设计框架可以促使教师在进行教学设计的过程中，首先要思考的问题就是分析学生学情，然后设计教学评价任务，制订评价标准，进而保证教学活动为教学目标服务，从而确保学生学习的主体地位。可见，逆向的教学设计框架是一种面向目标的设计，确保了教学过程为目标实现服务的设计。见图5-1。

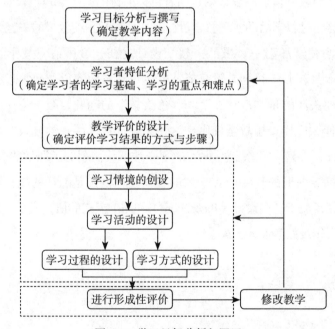

图5-1　学习目标分析与撰写

这个设计框架包括三个部分。第一个部分是关于学什么，为什么要学和学得怎么样的表述。这一板块是教师与教科书对话，与编者对话，与学生对话的过程，从而确定明确、具体的学习目标以及选择学习内容，对于保障课堂教学效率特别重要，通过这几个对话，实现了把教科书中的文本的阅读价值向教学价值转化的过程。这个板块虽然很重要，但也是一线教学中，教师最为不重视的板块。长期以来，教师更多地依赖教学参考用书或者他人的教学设计，缺乏自己的思考。所以，这是本课题研究的主要内容。

第二个部分是关于怎样学的表述。这一板块从学习的四大要素：情境、活动、过程、方式，聚焦目标来设计，推进学习过程。实践性是语文学科的本质特点。语言文字的学习与运用应在语言实践中完成。在这个板块，教师主要依据学生的认知特点，根据学习内容，创设教学情境，把学习目标分解为具体的学习实践活动，从而保障教与学的行为都能与学习目标保持一致。

第三个部分是学习评价的应用。通过实施学习评价获取学习结果，并针对学习结果对教学设计进行修改和完善，从而有效地发挥了教学评价对教与学的指导、诊断和监控的作用。

一、突出学生主体，重建课堂师生关系

逆向课堂教学设计框架的组成部分都聚焦学习，一切为了学生的学习服务，突出学生在课堂教学中的主体地位，是逆向设计框架的主要特点。教学设计从教师的教转变为学生的学，实际上是对新课程理念的认识，是以核心素养为目标，以促进学生学习为导向的新一轮课程改革。这一特点符合学习的本质。

学习的本质是经验在深度或广度上持续变化，即个体在原有经验的基础上通过自主建构或社会建构形成新经验的过程。从课堂教学行为的主体来看，学生是课堂的主人，教师的教服务于学生的学；从行为发生学的角度来看，学生是有学习基础的，任何一节课的学习，学生都不是零起点进入课堂，教师的教应以学生的学习为基础和前提，学先于教；从教学行为的结果来看，学生的学习结果变化决定了一节课的教学效益。因此，目标导向下逆向教学设计框架体现了以学为本、先学后教、顺学而教、以学定教等特点，突出了学生在教学中的主体地位，这是保障课堂教学"教-学-评"一致的主要特征。

传统的教学设计的撰写方式是从教师教的角度着手的，这就难以避免教师在进行教学方案设计的时候只关注自己的教学行为而忽略了学生的主体地位。课题组采用了学历案的方式，把逆向教学设计框架落实下来，确保了学生作为学习者的主体责任。

何为学历案？学，指的是学生，学习；历指的是经历；案，指的是预案，方案。学历案是指教师在班级教学的背景下，为了便于学生自主或社会建构经验，围绕某一相对独立的学习单位，对学生学习过程进行专业化预设的方案。

二、强化学情分析，准确把握学习起点

美国著名认知心理学家奥苏伯尔曾经有一句非常经典的话，"如果我不得不将教育心理学还原为一条原理的话，我将会说，影响学习的最重要的因素是学生已经知道了什么，并在此基础上进行教学"。随着新的学习科学的发展，越来越多的事实证明了"学习者带着丰富的先前知识、信仰、技能和习惯进入正规教育，而这些已有知识极大地影响着他们对环境内容、环境组织和解释方式的理解。反过来，这也影响着他们记忆、推理、解决问题、获取新知识的能力"。学习的起点就是学习者原有的基础，包括经验、文化、能力、知识，对于这个起点了解得越多，利用得越多，越是会带来更深层次的学习。

学历案关注了学生这个教学的根本，把了解学生作为备课的突破和有效教学的起点，关注学生学习心理、学习基础和学习方法，这就使得课堂教学更有针对性。学情分析贯穿教学设计的全过程，这是学历案与传统教学设计的主要区别。

学情分析的中心问题是以学习目标为终点，探寻学生已有学习起点的过程，主要思考以下的问题：

（1）学生的已知是什么？

（2）学生的未知是什么？

（3）学生的能知是什么？

（4）学生的想知是什么？

……

通过这些问题的追问，从而确定教学的出发点，制订教学的重点和难点，

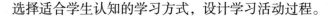

选择适合学生认知的学习方式，设计学习活动过程。

比如二年级上册13课《寒号鸟》，课后习题一是这样的：分角色朗读课文。想一想，为什么喜鹊能住在温暖的窝里，寒号鸟却冻死了？这个问题旨在引导学生能够在阅读中形成初步的分析和比较信息的能力，从而获得阅读体验。要实现这个教学目标，教师应做出以下的分析：

目标：

（1）能够体会喜鹊和寒号鸟的角色特点，分角色朗读课文。

（2）能通过比较喜鹊和寒号鸟的行为特点，说出寒号鸟冻死的原因。

未知：

（1）为什么冬天要到了，寒号鸟不为过冬做准备？

（2）为什么寒号鸟不听喜鹊的劝告？

（3）怎样读出喜鹊和寒号鸟的对话中不同的心情变化？

能知：

（1）能在问题引导下，找出喜鹊为过冬做了哪些准备，喜鹊的窝为什么是温暖的。

（2）能在问题引导下，找出寒号鸟的窝在哪里，寒号鸟有没有为过冬做准备。

（3）能够准确朗读喜鹊和寒号鸟的对话，通过练习，做到字音准确、流利。

已知：

（1）借助拼音，学生能朗读课文，能找出故事的主人公。

（2）通过朗读课文，能知道课文主要讲述喜鹊和寒号鸟筑巢过冬的故事。

根据以上学情分析，教师可以确定教学的重点在于探究寒号鸟不向喜鹊学习，筑巢过冬，以及不听喜鹊劝告的原因。这个内容也是学习的难点，需要教师的引导和同伴的互助，所以教师需要在此环节提供足够的支架，设计同伴互助、小组学习等学习方式。而多种形式地朗读课文，分别找出有关寒号鸟以及喜鹊居住地方的信息是深入学习的基础，可以作为学生自主学习的内容。

根据这样的学情分析，设计了图5-2教学板块：

一、创设情境，揭示课题，认识主角
二、自读课文，梳理文脉，整体感知
三、小组合作，探究原因，思考"不同"
四、角色朗读，体会心情，小结"不同"
五、联系生活，拓展阅读，理解寓意

图5-2　教学板块

三、关注学习评价，反馈调整教学过程

"有效地落实课堂学习目标是基于标准教学的关键要素。""通过评价促进课堂教学，将评价和教学有机地结合起来已为大家所共识。"逆向的教学设计框架就是要求教师在开始设计教学或者组织单元学习时，先确立学习目标，紧接着对学习评价进行相应的设计。也就是说，在确定了教学目标，以及根据目标分解了学习板块后，应先确定如何评价学生的学习结果的问题。

在实际教学中，学习评价始终是与教学活动伴随在一起的。比如，在师生的对话中，教师对学生的提问和回答，对学生表现的评价与激励等。这些评价行为往往是无意识的，是在教学中根据学习的生成产生的。在本课题中的学习评价，主要是指在做教学设计的时候，针对每个学习目标而进行的有意识的有准备的学习评价活动。

这个过程，教师要回答以下的问题：

（1）这个板块的学习目标是什么？

（2）根据目标，教师应设计什么内容评价学生是否已达到学习的目标？

（3）根据学生，教师应设计什么形式评价学生是否已达到学习的目标？是语言激励评价，还是纸笔测试评价，还是综合性的语言实践活动？

（4）在这个板块，评价的主体是谁？教师还是学生？

（5）教师应该在哪一个学习过程中组织学习评价？是即时评价还是延时评价？

（6）学习评价的内容前后的逻辑关系是什么？是否能发挥促进学生深入学习的作用？

通过以上问题的思考，教师就能不断强化评价意识，始终保持目标与学习评价的一致性。

1. 依据目标，设计学习评价的内容

依据目标去设计评价内容，看似是人人都懂的道理。但是在实际教学中，评价的内容往往与教学目标存在不一致。比如，在阅读教学中，教师要求学生自读课文，读准字音，读通句子。可是学生在自读课文后，教师却没有设计关于朗读的评价，或者只停留在生字词的朗读检查，却忽略了对句子、段落，甚至课文的朗读评价。又比如在小学语文二年级中的识字教学中，遵循多认少写的原则分别安排了会认和会写两种水平的教学目标。在《义务教育教科书教师教学用书》里提出二年级写字的教学目标是"会写汉字250个""注意汉字的间架结构，初步感受汉字的形体美""养成良好的写字习惯，写字姿势正确，书写规范、端正、整洁""结合上下文和生活经验了解课文中词句的意思，在阅读中积累词语""在写话中乐于运用阅读和生活中学到的词语"。综上所述，对于要求会写的生字，不仅要读准、记牢，还应理解，并能积累、应用；不仅书写要正确，还要书写规范、端正、整洁；不仅关注了写字的正误、书写水平，还关注到书写习惯。但是，在《语文课程标准》中写字的评价建议指出：写字的评价，要考查学生对于要求会写的字的掌握情况，重视书写的正确、端正、整洁，在此基础上，逐步要求书写流利。第一学段要关注学生写好基本笔画、基本结构和基本字。可见，对于会写的字，课程标准只要求正确、端正、整洁，与《语文课程标准》写字的评价建议中的内容和教学目标存在不一致。在实际课堂教学中呢，对要求掌握的生字以及组成的词语，教师主要通过抄写字词来巩固学生对生字词的认识，采取听写生字词来进行评价。抄写以及听写生字词，都仅仅指向字形和字音，却无法检测到对字义学习的结果。长期以来，学生对生字词的学习，也只停留在音形的结合，忽略对字义词义的思考。因为缺乏足够的理解，也影响了词语的运用。教学目标与教学评价的不一致，直接削弱了学生对字词的学习效益，影响了阅读能力和表达能力的发展。因此，强化评价意识，首先，就要依据目标去设计相应的学习评价的内容。

例如，把要听写的词语放在语境中，让学生填写。可以先听写一个词语，然后让学生写出其近义词、反义词；可以描述词语的意思，然后根据意思写下词语；可以提供一个具体的语境，然后让学生根据语境写下相应的词语；等等。以二年级下册25课《后羿射日》一课为例，本课生词有：东边、光明、觉得、值日、火球、沙石、人类、艰难、决心、苦海、炎热、害怕、从此、东方、西方、花草树木、重新、生机。教师可以设计如图5-3中的评价内容：

（1）后羿射日前，（ dōng biān ）有十个太阳，像十个大（ huǒ qiú ），天气非常（ yán rè ）。因为这十个太阳一起出现，炙烤大地，（ shā shí ）熔化，（ rén lèi ）的日子也非常（ jiān nán ）。

后羿射下九个太阳后，人们脱离（ kǔ hǎi ），（ huā cǎo shù mù ）渐渐繁茂，大地重现（ shēng jī ）。

图5-3　评价内容

题目（1）依据故事内容，把生词进行了重组，既可以检测学生生字词的书写，又可以检测学生对生字词的理解。通过两个句子中后羿射日前后大地与人们生活的对比，提升对后羿形象的认识。可以设计成读拼音写词语，让学生填空，检测学生对生字词的掌握情况；也可以设计成听写，听老师读句子，通过问题引导学生写词语，比如"后羿射日前，哪里有十个太阳，像十个什么？"

（2）照样子，用词写句子
①十个太阳觉得＿＿＿＿＿＿＿＿＿＿＿＿＿＿＿＿＿＿。
②因为天上有十个太阳，人们觉得＿＿＿＿＿＿＿＿＿＿。
③太阳每天从东方升起，到西方落下，人们觉得＿＿＿＿。
④读了这个故事，我觉得＿＿＿＿＿＿＿＿＿＿＿＿＿＿。

图5-4　补充句子

"觉得"是一个日常生活中常用的词语。认读、字形和理解都不是难点。因此，教师侧重评价对这个词语的应用水平。题目（2）（见图5-4）呈现了四个句子，都用"觉得"来表达。句子①直接摘录课文中的原句，通过补充句子，回顾了课文的内容。句子②、③是以课文的内容为素材，引导学生根据课文的内容来活用词语。句子④引导学生用词语来表达阅读故事的感受。四个句子从重现到模仿、迁移到在新情境下运用，设计了几个不同水平的练习。根据学生回答的情况，就可以对学生掌握这个词语以及对课文的理解的情况进行检测。

以上这些评价内容都体现了词语学习的综合性，强调在语境中认识词语、理解词语以及运用词语的能力表现，这样的评价内容与教学目标就保持了高度的一致。

2. 依据目标，设计评价的形式

评价形式一方面与评价内容联系在一起，指评价内容呈现的形式，比如是教师语言评价，还是设计纸笔测试，还是通过观察学生的演示与操作等；另一方面与评价对象联系在一起，指评价的主体，比如是教师对学生进行评价，还是组织生生之间的评价，还是师生融合在一起的评价。

评价形式的设计，往往也会影响教学目标的落实。在日常教学中，有的教师因为忽略对评价形式的思考，以致削弱了评价的效益。比如，教师通常会在学习课文之前，要求学生把生字读准，把课文读通顺。在学生完成了自读练习后，教师一般采取齐读、小组读等评价形式检查学生是否达成目标。这样的评价设计只能发现大部分学生是否能够达到目标，具体到哪个学生没有达标，哪个词语、哪个句子、哪个部分没有读准，都不能检查出来。

因此，在设计评价形式的时候，就要求教师围绕目标，从评价内容的呈现形式与评价主体的设计等方面综合考虑。如果是知识性目标，可以采用纸笔测试，以教师为评价的主体为主要的形式；如果是实践性目标，可以采用表现性评价，以生生互评的方式来组织评价。

比如，在二年级下册第七单元的写话教学中，教师就通过让介绍同一种小动物的同学组成一个小组，分别在组内朗读自己的写话，讲述养小动物的理由，借助以下评价工具（图5-5），引导学生注意聆听和观察，组织生生互评。

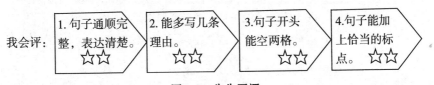

图5-5　生生互评

这一评价将教学目标转化为一个可观察的量表，采用的形式是生生互评。这样，就可以促使课堂学习始终围绕目标去落实，体现了目标导向下，教学活

动与评价的一致性。

四、分解学习任务，驱动推进深度学习

"当学习者意识到他们自己是学习者和思考者时，他们的学习最成功。一个学习者意识到自己是学习者，意识到评价策略的作用，这便能使他的学习始终指向学习任务或者有助于学习者不断询问自己是否理解。学习者能够成为独立的善于保持学习的学习者——本质上来说，这就是人是怎样成为终身学习者的。"当学生走进课堂，身上被赋予一定的学习任务时，他们就面临完成任务的挑战，从而变成了主动的解决问题者和学习者。

"语文是一门学习语言文字运用的综合性和实践性的课程。"语文学科的性质也决定了语文的学习是在具体的语言文字的运用过程中实现的，综合性和实践性是语文学科学习的主要特点。因此，要提高语文课堂教学的实效性，就要改变单一的、肢解的、零碎的语言知识的学习现状，通过具体的语言实践任务去设计课堂学习过程。

学历案和传统教案的一个明显的差异，就是不再以时间为序去呈现课堂学习，而是根据教学目标分解成各个任务板块，每个板块之间相对独立又共同为实现目标服务，学生学什么，做什么，怎么做，在不同的任务中，不同的学生具体如何分工，十分明晰，这就为学生成为学习的主动建构者建立了基础。教师在这样的课堂中，自然就成了任务的布置者，任务实施情境的创设者，在学生完成任务过程中遇到困难的帮助者和引导者，任务完成后评价的组织者，也保障了教师更好地发挥教为学服务的功能。

比如二年级上册第7课《妈妈睡了》课后习题第2题提出了这样的学习任务：读一读，照样子说一说，看谁说得多。见图5-6。

◌ 读一读，照样子说一说，看谁说得多。

明亮的眼睛　水汪汪的眼睛　（　　）的眼睛

乌黑的头发　波浪似的头发　（　　）的头发

◌ 你看过妈妈睡觉的样子吗？说一说。

图5-6　照样子说一说

这一学习任务的目标是学生通过练习，能够仿照课文应用"（ ）的（ ）"的词语形式来形容人物的外貌。如何帮助学生实现这一教学目标呢？教师对这一任务进行了分解：

任务（1）读准词语。（联系课文，思考"睡梦中的妈妈"是什么样子的？画出句子。从句子中提取出"明亮的眼睛""乌黑的头发"，读准字音。联系生活实际想象明亮的眼睛和乌黑的头发的样子。回到习题，描写人物的眼睛和头发还有很多不同的词语。借助拼音读准"水汪汪的眼睛""波浪似的头发"，联系生活或者图片说说"谁的眼睛是水汪汪的"，"谁的头发是波浪似的"。）

任务（2）能够仿照课文给出的词语形式形容眼睛和头发。（比较"明亮的眼睛和水汪汪的眼睛""乌黑的头发和波浪似的头发"，感受不同的人眼睛和头发都是不一样的。看图，仔细观察，发现图画上每个人的特点，用上准确的词语来形容，完成填空"（ ）的眼睛，（ ）的头发"。回到生活，你见过谁的眼睛是什么样子？班上的同学的头发是什么样子的？和同桌说一说。把会写的写下来，比一比，谁说得多。）

任务（3）积累更多描写人物外貌的词语。（睡梦中的妈妈除了有明亮的眼睛，乌黑的头发，还是什么样子的？我们来读读这些词语：弯弯的眉毛、弯弯的嘴角、弯弯的眼角、红润的脸。一边读词，一边摸摸相应的部位，认识五官。仿照词组的构词特点，看图说词语。）

教师通过任务的分解，帮助学生经历了认记—理解—举例—模仿—应用的学习过程，不仅认识了五官，积累了几个描写五官的词语，更重要的是在任务的推动下，学生把词语的学习和阅读理解相联系，认识到词语的表达是为了更好地表达孩子和母亲的关系，孩子感受到了母亲的关爱，所以用上了"明亮的眼睛""红润的脸"等词语来形容和描写，认识到了词语的运用要和日常的观察联系起来，每个人的特点都是不一样的，培养了初步的观察意识。在任务的推动下，学生实现了从文字到画面，从画面到生活，又从生活回到文字的多次来回，观察、想象、思维活动都在发展，思维水平从单点结构水平向多点结构层次、关联结构层次，甚至是拓展抽象结构层次推进，实现了深度学习的可能。

五、重视支架设计，促进联系建构知识

支架原是指建筑行业使用的脚手架，这里用来比喻对学生解决问题和建构意义起辅助作用的概念框架。教师通过设计概念框架帮助学生不断建立知识之间的联系，促进新旧知识经验的顺应同化过程，把学生认知发展从一个水平引导到另一个更高的水平，就像沿着脚手架那样一步步向上攀升。在语文学习中，支架可以是一个能促进学生学习的情境，可以是一个帮助学生表达的句式，可以是一个打开学生思维的问题，也可以是一幅能够推进思维的图画，可以是一个思维导图……因为学历案是以学生的学习为设计的内容，是为学生的学习而服务的，因此，学历案的撰写就是教师为学生的学习而设计的学习计划。在学生学习的重点和难点内容上，教师就会主动思考如何为学生实现有效学习提供支架。

比如《妈妈睡了》一课中，教师就多次运用图画这一支架，帮助学生实现了文字与生活经验的多次转化。又比如口语交际课《注意说话的语气》中，说话的语气是一个非常抽象的概念。什么是说话的语气？怎样才能做到注意说话的语气？应该怎样注意说话的语气？这一系列的问题对于二年级的学生而言都是很难理解的抽象的概念。如何去引导二年级的学生感受到不同的说话语气的效果，由此学习运用恰当的语气来表达呢？

情境一：丽丽撞到值日生小茹，水洒了一地，丽丽和小茹之间的对话。在情境中通过角色扮演丽丽和小茹，比较丽丽不同的说话语气，小茹有什么不同的感受。

我不是故意的！

我不是故意的。

情境二：在拥挤的公交车上，小明要下车，被一个阿姨挡住了去路，阿姨和小明之间的对话。在情境中通过扮演小明和阿姨，比较小明不同的说话语气，阿姨的态度有什么不一样。

阿姨，请您让一下。

阿姨，请您让一下好吗？

以上两组句子的比较均出自教材的内容。如果只是让学生朗读体会，学生

只能单从标点符号去体会语气，很难有切身的感受。教师把两个句子放在了具体的情境中，通过角色扮演，句子就有了生命力，学生就有了直观的切身的体验。在对说话语气有了体验之后，教师又把教科书中提出的三个问题创设成三个不同的生活场景，让学生分组选取一个情境进行角色扮演。见图5-7。

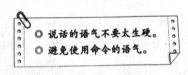

图5-7　选情境并进行角色扮演

情境一：又到了每学期报兴趣班的时候，妈妈让我学钢琴，可是我更想学画画，我可以怎么跟妈妈商量呢？

情境二：今天下大雨，路上很堵，我上学迟到了，我到课室的时候，老师已经开始上课了。老师看到我迟到了，批评了我。下课了，我可以怎么向老师解释呢？

情境三：要吃午饭啦，大家都去洗手了。这时候，我看见一个同学洗了手转身就走，水龙头还没关呢，自来水哗哗地流，我可以怎么提醒这个同学呢？

这个案例中，教师围绕学习目标，以学生的生活经验为基础，创设多个交际情境，在情境中通过具体的角色的体验，在交际的过程中体会到了不同的说话语气给听者带来的不同感受。正因为有了情境这个支架，学生的学习过程不是教师在传递信息的过程，而是在情境下联系已有的知识经验促进信息加工，主动建构的过程，实现了真正的学习。

逆向课堂教学设计过程：学历案的撰写

　　根据实际情况，课题组以新的学习理论为指导，设定学历案的基本要素为：①学习内容与分析；②学习目标与重点、难点；③学习准备（前置性作业）；④学习过程（学生活动、教师活动以及评价）设计；⑤作业（课外实践活动）设计；⑥板书设计。可见，学历案的各个要素都强调了学生为主体，学情分析贯穿始终，突出了教师的教是为学生的学服务的。

　　其中，学习内容与分析，学习目标与重点、难点，学习过程设计等要素是学历案的主要内容。

一、学习内容与分析

　　学习内容指的是课堂学习的主要内容，是课堂学习的主要载体。在小学二年级语文课堂中，主要指以教科书为核心进行组织的内容，教科书是《语文课程标准》物化产品，是落实《语文课程标准》的主要凭借。比如，阅读教学中主要指阅读的文本、生字词，口语交际教学中主要指教科书指定的交际话题以及交际内容，写话教学中主要指教科书提出的写话的主题以及写话内容。但是，教科书上的内容是静态的，是已存在的，呈现的是文本内容的原生价值，要使得教科书的内容和课堂学习产生一定的关系，成为学习的主要材料，产生教学价值，就要经过教师的解读和选择。学习内容与分析就是教师依据《语文课程标准》从文本、字词以及课后习题进行解读和分析。这个过程，是教师与文本、与编者、与学生对话的过程。

　　从学生的角度去解读和分析教学内容，需要教师在与教科书、与编者进行对话的时候思考以下的问题：

（1）教科书与学生实际学习经验之间有什么关系？

（2）学习内容纵横发展序列是怎样的？之间存在什么逻辑联系？

（3）学习内容有什么特点？什么是本次学习内容中独有的特点？

（4）习题的指向是什么？编者的意图是什么？

二、学习目标与重点、难点

这里的学习目标指的是学生通过每节课的学习能达到的预期结果，是课堂目标。学习目标是保障每节课能有效学习的出发点。课堂目标是基于《标准》的小学二年级语文教学目标体系的分步目标。课堂目标的陈述要更加明确、具体、可操作、可观察，以达到对"教–学–评"的指导和监控作用。如《曹冲称象》中的学习目标为：

（1）能正确认读14个生字，正确书写"称、柱、底、杆、秤、做、岁、站、船、然"10个生字及其组成的词语，并能运用。

（2）能正确、流利地朗读课文，读出问句的疑问语气。

（3）能借助课后题的排序，复述曹冲称象的过程，并能说出曹冲的办法好在哪里。通过对比，体会"才""到底"等词语表达的意思。

学习的重点指的是主要学习内容，通过这一内容的学习，能够保障这节课中主要的学习目标。重点内容的学习是一节课中的主要部分。在识字专题课中，文本为识字提供了语境，文本的阅读为识字服务，识字教学是学习的重点。在阅读课中，文本依然成为生字学习的主要语境，但是阅读能力的训练与发展才是学习的重点。

学习的难点指的是在学习目标当中，学生感到困难的，需要得到更多的帮助的内容。学习的难点有时候是和重点内容重合的，有时候是不重合的。

三、学习过程设计

学习过程设计是学历案的主体，包括学生活动、教师活动和评价设计。

学生活动指的是学生的学习过程。在学历案中，撰写学生活动要回答的问题是：要实现目标，学生要做什么？怎么做？根据语文学科的学习特点，学生活动主要是采取板块设计，每个板块相对聚焦在某一学习目标设计学习任务，从易到难，从简单到复杂，从单一到综合地推进学习活动。学生学习过程就是完成任务的过程。学习过程除了学习任务，还包括学习的方式。

教师活动主要指为了帮助学生完成学习任务，开展学习活动所需要创设的教学情境，多媒体的使用时机和内容，对学生学习活动做出评价和反馈。在学历案中，撰写教师活动要回答的问题是：要帮助学生实现目标，教师可以提出什么帮助？例如，如何创设教学情境？如何提出学习任务？在学生感到困难的时候提供什么学习支架？设计什么练习巩固学习成果？伴随学习的深入，如何落实重点，如何突破难点？等等。可见，教师的活动是伴随学生活动而推进的，始终围绕着学习任务进行，目的是激发学生学习的兴趣，明确学习目标，促进学习的深入。

学习评价指的是教师对学生学习结果进行评价的设计。在学历案中，学习评价的撰写要回答的问题是：评价什么？谁来评价？用什么方式来评价？强调评价的作用是学历案中保障"教-学-评一致性"的重要策略。后文还会展开详细的论述。

简而言之，学生活动要回答的问题是"学生怎么学"，教师活动要回答的问题是"教师如何帮助学生学"，"学习评价"要回答的问题是"学生学得如何？教师如何知道？"

表5-1展示的是二年级下册《蜘蛛开店》的第一课时中第二个教学板块。第一课时的主要学习目标是学生能借助示意图，初步把握故事情节脉络，完成初步的复述训练。为达到这个目标，教师设计三个任务板块。其中第二个板块主要的学习目标是学生能通过多种方式的朗读，对课文的主要内容有整体的感知和认识。围绕这一目标，教师进行了学生活动、教师活动和学习评价的设计。（见表5-1）

板块二：自读故事，初知故事内容

表5-1 学生朗读方式表

学生活动	教师活动	学习评价
1. 自由读课文，借助拼音认读生字，读通句子。 2. 三个同学分别简说故事三部分的大意，在老师的提示下贴示意图。 3. 学习阅读示意图，知道示意图竖着看提示了故事的内容和顺序，横着看分别讲了开什么店、谁来了	1. 提出自读要求。 2. 引导提炼故事大意。 3. 引导发现示意图与课文内容的关系	提问：能不能看着示意图，说说蜘蛛开店都卖了什么？都有谁来买东西？同桌互相听听，看谁说得又完整，又清楚
设计意图：在教师激发阅读期待后，自读课文。在教师的引导下学习贴图，整理故事大意，初步了解示意图的作用		

要达到这个板块的学习目标，学生需要正确朗读课文，对课文有基本的理解，能够基本把握每个部分的主要内容。教师遵循学生的认知水平，设计了三个学习活动。第一个学习活动：自由读课文，借助拼音认读生字，读通句子。二年级下学期的学生，已经掌握了一定的识字量，掌握了基本的识字方法，能够借助拼音认读不认识的生字，能够通过反复练习，把课文读通读顺。因此，在这个学习任务中，主要是学生的自主学习活动。《蜘蛛开店》这个故事线索比较简单，主要写了河马、长颈鹿和蜈蚣来蜘蛛开的店买东西的故事。在读通课文的基础上，教师设计了第二个学习活动：三个同学分别简单地复述三个小动物来蜘蛛的店里买了什么。学生一边说，教师一边以蜘蛛网的形式一一呈现故事的脉络。见图5-8。

朗读课文。根据示意图讲一讲这个故事。

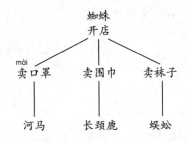

接下来会发生什么事？展开想象，续编故事，讲给大家听。

图5-8 《蜘蛛开店》示意图

这幅蜘蛛网式的示意图，是课后的第一题。这个图揭示了故事的主要线索和主要内容，是学生复述故事的有效支架。但是这个示意图是怎么来的呢？教师在第二个学习活动中，通过引导学生抓住"蜘蛛店里来了谁？""他们想买什么？"分部分来梳理故事，相机呈现了示意图的各个部分。在这个过程中，学生不仅练习了分部分复述故事，抓住事件的主要内容，而且也经历了分类梳理的思维过程，知道了导图是怎么来的，为以后自己能够运用导图去梳理信息的能力打下基础。

最后，为了进一步发挥示意图的作用，教师引导学生分别从横向、竖向观察示意图，引导学生自主地读图，发现了横向的第一排是蜘蛛商店售卖的三种物品：口罩、围巾、袜子。这三个词都是生活中的常见事物，"口罩""袜子"是生字词，通过反复读词，加强字音、字形和字义的联系。横向的第二排是蜘蛛商店的三位顾客。这三位顾客各有特点。河马嘴巴很大，长颈鹿脖子很长，蜈蚣的脚很多。他们的特点和他们要购买的物品形成了巨大的落差，这也是这个故事引人入胜，趣味盎然的主要原因。通过这一比较，为学生进一步阅读故事，感受故事的趣味性，做了铺垫。另外"长颈鹿"和"蜈蚣"都是生字词，在认识这些顾客的特点时，也是学生认识生字，认识事物的过程。几个生词的教学自然地和学文联系在一起。从竖向看，就是故事的三个情节，这三个情节都是谁来商店买什么。找到了这些共同点，学生进一步复述故事，就非常容易了。

通过完成这几个学习活动，学生是否能够读准课文，能够借助导图梳理故事的主要大意了呢？教师设计了"借助示意图，同桌互相听说蜘蛛开店卖了什么？都有谁来买东西？"这个评价方式，评价的内容是借助示意图复述故事大意，评价的方式是同桌互评。

基于《标准》的小学二年级语文学历案举隅

一、阅读教学

《妈妈睡了》教学设计

【教材分析】

1. 内容分析

《妈妈睡了》是我国著名儿童作家张秋生先生的一篇散文诗，这篇散文诗写了孩子眼中睡梦中的妈妈，描述的是一幅宁静温馨的画面：在哄孩子午睡的时候，妈妈先睡着了，她沉沉地睡着。孩子静静地看着熟睡的妈妈，看得投入、动情。这篇散文诗采用总分结构，第一自然段总写妈妈睡了，第二至四自然段分别以"睡梦中的妈妈……"这个句式开头，写出了睡梦中妈妈的样子真美丽，好温柔，好累，表达了母子之爱。孩子爱妈妈，是通过孩子的观察直接表现出来的；妈妈爱孩子，是通过孩子的想象表现出来的。

2. 字词、朗读任务分析

（1）字词。已知：经过一年级的语文学习活动，学生已经掌握了多种识字方法。这节课可以通过指导巩固识字方法，提升学生自主识字的能力。未知：学生能否恰当地运用"的"字的短语来形容人物的外貌，这需要教师引导学生在熟读课文相关内容的基础上，加以模仿迁移。

（2）朗读。已知：通过一年级的朗读方面的训练，学生们已经初步懂得如何正确流利地朗读课文。未知：学生在朗读课文不少带有程度副词的句子时，能否根据词句的意思分节奏进行朗读，并能初步把握它们的语气、语调、语速，把句子读正确、读流利，这就需要多种形式的朗读训练，尽可能达到不错

89

字、不落字、不添字、不回读、不破读的要求。

3. 课后题解读

第一题，说说"睡梦中的妈妈"是什么样子的。这个问题是属于提取信息的练习题，继续提升学生提取信息的能力。第二题，读一读，照样子说一说，看谁说得多。这道练习题旨在让学生知道可以用多个形容词来描写人物的外貌，丰富学生的语言积累。第三题，你看过妈妈睡觉的样子吗？说一说。本题意在培养学生的观察能力和表达能力，从实际生活入手，培养学生做生活的有心人，表达时才能言之有物。

【教学目标】

（1）能借助预习、学习经验和生活经验，正确认读"哄"等13个要求会认的生字，会写"哄"等8个要求会写的生字。

（2）能积累描写人物外貌的词语，并能运用到表达中。

（3）通过多种方式的朗读，能把课文读正确、流利。感受亲情的美好。

【教学重难点】

1. 教学重点

朗读练习。能表达阅读的初步感受。

2. 教学难点

学习描写人物外貌的词语。

【课时安排】

两课时。

【前置性作业】

读课文，圈画出需要认读的生字，读准字音，找出难认的字，尝试借助拼音把课文读准确。

【教学过程】

板块一：走进情境，感受妈妈的不同形象（见表5-2）

表5-2 《妈妈睡了》学习情境表

学生活动	教师活动	学习评价
1. 听老师讲绘本故事《妈妈睡了》，感受生活中妈妈的"超人"形象。 2. 读课题	1. 课件播放绘本故事《妈妈睡了》，伴乐讲述故事。 2. 揭示课题	

（点评：学习情境的创设是促进学生新旧知识经验联系的有效行为。本单元的人文主题是"儿童生活"。旨在通过阅读，引导儿童从生活中与父母相处的各种小事件中感受美好的亲子情感。在学习开始，教师声情并茂地讲述《妈妈睡了》，营造了与课文学习一致的氛围，唤醒了学生对自己妈妈的生活记忆，为学习文本奠定了良好的基础。）

板块二：练习朗读课文，整体感知文本（见表5-3）

表5-3　朗读《妈妈睡了》练习评价表

学生活动	教师活动	学习评价
1. 分组朗读难读的生字。 ① 指名朗读带有前鼻音的生字。 ② 指名朗读带有后鼻音的生字。 ③ 开火车朗读其他生字读音。 2. 去掉拼音，同桌互相检查生字正音情况	1. 分组呈现生字，检查前置性作业的完成情况。 2. 重点指导读好以下的字：紧、润、乏、发（多音字）、哄	1. 多种方式朗读，检测学生能否正确认读生字词以及把课文读正确
3. 朗读生字词，通过图文对照和生字复现，巩固生字的认识	课件出示生词，图文对照，认读生词	
4. 多种方式练习朗读课文中的长句子。 （1）自由练习朗读。 （2）指名朗读长句子。 （3）齐读句子	1. 出示长句子：她乌黑的头发站在微微渗出汗珠的额头上。 2. 学生朗读有困难时，教师范读，帮助学生感受长句子的停顿	
5. 练习朗读课文。 （1）自由朗读课文，能把课文读正确。 （2）把课文读给同桌听，互相正音。 （3）指名轮读课文，能把课文读得更加准确、流利	巡视课堂，聆听学生朗读课文，重点指导正音有困难的学生	
6. 阅读课文，在问题的引领下，整体感知课文内容。 （1）自读课文，边读边思考：睡梦中的妈妈是什么样子的？画出课文中的句子。 （2）朗读第2、3、4自然段第一句话。 （3）和老师一起读课文第2自然段，体会第一句话和其他句子的关系。 （4）照样子和同桌合作朗读课文第3自然段和第4自然段，把课文多读几遍，读得更加流利	课件出示学习问题，引导思考： （1）课件出示句子： 睡梦中的妈妈真美丽。 睡梦中的妈妈好温柔。 睡梦中的妈妈好累。 （2）学生回答后板书：真美丽、好温柔、好累。 （3）指导学生把"美丽""温柔""累"等词语圈画出来。 （4）指导朗读句子。 （5）配乐，师生合作读第二自然段	2. 带着问题朗读课文，能够从每个自然段的第一句找到问题的答案。 3. 对学生朗读课文的情况进行评价。能够读准，读流利
7. 师生合作有感情地朗读全文		

（点评：朗读课文既是二年级学生学习阅读的重要手段，也是阅读课的主要目标。在这个板块，学生按"字—词—句—段—文"的顺序逐一突破朗读的难点，反复练习朗读，经历了认读—读准—读通—读懂的学习过程，扎实，有效。）

板块三：在情境中学习"（ ）的"词语结构，形容人物外貌（见表5-4）

表5-4　《妈妈睡了》

学生活动	教师活动	学习评价
1. 读第2自然段，思考：哪些词语让"我"看到妈妈美丽的样子。用横线画出词语。 （1）读完，汇报画的词语。 （2）读准词语，联系生活经验，理解词语。 （3）发现词语的特点，摸摸自己的眼睛、眉毛和脸，认识人物的五官。 （4）发现词语构词的特点，加上形容词，把五官的特点描写出来。 （5）有感情地朗读句子，读出妈妈真美丽	1. 借助课文情境，提出新的学习任务。 2. 课件相机呈现有关的词语： （1）明亮的眼睛 　　弯弯的眉毛 　　红润的脸 （2）（明亮）的眼睛 　　（弯弯）的眉毛 　　（红润）的脸 3. 小结：每个人都有五官，可是五官的特点都不一样，所以每个人的样子都是不一样的，都有自己的特点。可以用上不同的词语来形容	1. 通过指名读，评价学生是否能读准词语。 2. 通过听学生汇报词语，评价学生是否能准确用词形容人物的五官，并评价学生形容的角度，拓宽学生观察的角度
2. 自读其他段落，画出描写妈妈其他五官的词语。 （1）自读课文。 （2）读完，汇报词语。理解词语。 （3）有感情地朗读词语	1. 继续读其他段落，还描写了妈妈哪些五官？把词语画出来。 2. 朗读词语：乌黑的头发、渗出汗珠的额头	
3. 完成习题，积累"（ ）的"词语。 （1）借助拼音读准词语。 （2）集体交流，比较两组词语，有什么不同。 （3）联系生活经验，理解"水汪汪的眼睛""波浪似的头发"。 （4）看图，观察不同的眼睛和不同的头发，用上恰当的形容词来描述。先自己想想，然后和同桌交流，比一比谁说得多，谁说得准确。会写的，可以写在书上。 （5）集体交流	1. 出示课后习题第二题。 2. 指名读"水汪汪的眼睛""波浪似的头发"。 （1）同样是描写人物的眼睛和头发，有什么不同？ （2）小结：可以抓住五官的特点，从不同方面去形容。 （3）你见过谁的眼睛是"水汪汪"？谁的头发是"波浪似的"？ （4）倾听学生发言，引导学生注意看图评价用词是否准确，是从哪方面来形容人物的五官的	

学生活动	教师活动	学习评价
4. 观察同学的眼睛和头发，可以看一看，摸一摸，然后说一句话，形容他们的眼睛和头发。 集体交流	仔细观察同学的眼睛，摸一摸同桌的头发，然后说说，你看到了谁的眼睛是什么样子的？同桌的头发是什么样子的？	
5. 用积累的词说一个熟悉的人		

（点评：教师通过任务的分解，帮助学生经历了认记—理解—举例—模仿—应用的学习过程，不仅认识了五官，认识积累了几个描写五官的词语，更重要的是在任务的推动下，学生把词语的学习和阅读理解相联系，认识到词语的表达是为了更好地表达孩子和母亲的关系，孩子感受到了母亲的关爱，所以用上了"明亮的眼睛""红润的脸"等词语来形容和描写，认识到了词语的运用要和日常的观察联系起来，每个人的特点都是不一样的，培养了初步的观察意识。在任务的推动下，学生实现了从文字到画面，从画面到生活，又从生活回到文字的多次来回，观察、想象、思维活动都在发展，思维水平从单点结构水平向多点结构层次、关联结构层次，甚至是拓展抽象结构层次推进，实现了深度学习的可能。）

板块四：书写生字（见表5-5）

表5-5　复习并书写《妈妈睡了》关键字词表

学生活动	教师活动	学习评价
1. 复习要写的生字，读词语	出示生字及其所组的词	
2. 观察左右结构的字，和同桌交流观察结果。 3. 观察老师范写。 4. 描红，临帖，练习书写	1. 指导学生读帖。主要观察左右结构的字：哄、沉、脸（课件用色块显示生字左右部件的分布。） 2. 示范书写左右结构的字	学生独立练习书写，教师批改学生的书写作业，并及时纠正错误的写字姿势
5. 观察老师范写：事和窗。 6. 给"事"和"窗"组词。 7. 描红，临帖，练习书写	范写难写生字： 1. 事：横画等距。 2. 窗：看图，运用字理识字法感受"囱"的象形演变过程，把部件书写好	
8. 正姿，练习写字	教师巡视，纠正学生的错误写字姿势	

板块五：布置课外语言实践（见表5–6）

表5–6　小结及课后作业设计表

学生活动	教师活动	学习评价
观察家人睡觉的样子，尝试用上"（　）的（　）"词语格式来说说	小结课文 提出作业要求	

板书设计（见图5–9）：

7　妈妈睡了

真美丽　　　哄　脸　沉

好温柔

好累

图5–9　《妈妈睡了》板书设计

附：

"教–学–评"一致，促深度学习
——《妈妈睡了》教学反思

《妈妈睡了》一课是统编教材二年级上册第三单元第7课。课后习题围绕朗读课文、理解内容、积累运用词句和拓展实践等几个方面提示本课的学习内容。教师在充分解读文本内容和课后习题的基础上，设计了学历案，有以下特点。

一、学习目标与学习过程的一致性

教师从文本内容、字词朗读任务以及课后习题等角度展开详尽的任务分析，准确把握编者的意图，根据学生的学习基础制订学习目标。这节课的目标是准确的，符合文体的特点，符合年级的特点，也符合儿童认知的特点。内容聚焦在语文学科本体性知识，表述明确、具体。教师能够紧扣学习目标，思考学习过程，发挥了目标导学导教的功能。

如何落实教学目标？教师遵循了阅读的一般规律，把教学目标进行分解，进行了整体的建构。从课堂流程来看，从学习准备到学习过程再到学习结束，都有相应的学习设计，有效地帮助学生唤醒已有的知识经验，促进新旧知识的联系，经历了从生活经验到课堂学习，再拓展到课外生活实践的多次来回。在这节课里，每一个板块都有相对独立的小目标，围绕目标设计具体的学习任务，并通过持续性的评价调整、检验与反馈教学的达成度，形成一个完整的学习单元，保障了学习目标与学习过程的有效统一。

二、学习目标与评价任务的一致性

学习目标与评价任务的一致性可以从内容、方法和程度等方面综合考虑。从学历案中可见，教师每个学习板块都聚焦学习目标设计了评价任务，见表5-7。

表5-7　评价任务表

学习板块	学习目标	评价任务
板块二：练习朗读课文，整体感知文本	1. 能读准生字词，理解词语。 2. 读准课文。感受亲情的美好	1. 多种方式朗读，检测学生能否正确认读生字词以及把课文读正确
		2. 带着问题朗读课文，能够从每个自然段的第一句找到问题的答案
		3. 对学生朗读课文的情况进行评价。能够读准，读流利
板块三：在情境中学习"（　）的"词语结构，形容人物外貌	能积累描写人物外貌的词语，并能运用到表达中	1. 通过指名读，评价学生是否能读准词语
		2. 通过听学生汇报词语，评价学生是否能准确用词形容人物的五官，并评价学生形容的角度，拓宽学生观察的角度

可见，这样学习目标的内容和评价任务都相一致，这就实现了学习目标与评价任务的一致性。

三、学习过程与评价任务的一致性

儿童的学习是有规律可循的。建构主义学习理论认为情境、协作、会话和意义建构是学习环境中的四大要素。在每一个学习板块，教师都能把握这四大要素，设计学习过程，促进儿童的有意义建构。比如，学习运用形容词描写人物外貌的学习板块，教师不是孤立地进行识字学词，进行单一的知识点的训练，而是始终放在"感受妈妈的美丽"的情境中，认识到人的五官各有特点之后，又让学生观察身边的同学，用手摸一摸同学的头发，这些活动的设计，使得语言的学习具有温度，富有情感，从而促进了学习的能动性。整个学习过程，主要以学生自主发现、认读、与同桌交流意见的学习方式为主，一方面是为了增加学生语言实践的机会，实现"在游泳中学游泳"；另一方面形成性评价始终伴随学习过程，生生之间的评价，师生之间的评价既是学习活动过程的反馈，也促进了后续的学习过程的完善。

综上所述，教师能够准确解读教材，分析学情，展开较为细致的任务分析，根据学生的认知特点设计学习活动过程。学习过程凸显了学生的主体地位。而且，能够设计与目标相一致的评价任务以及评价形式，实现了"教–学–评一致性"，提高课堂教学效益。

设计：广州市海珠区万松园小学　王秀娟
点评：广州市教育研究院　林玉莹

《蜘蛛开店》教学设计

【教材分析】

1. 内容分析

《蜘蛛开店》是统编教材二年级下册第七单元的第二篇课文。本单元围绕"改变"这一主题，组编了《大象的耳朵》《蜘蛛开店》《青蛙卖泥塘》《小毛虫》共四篇趣味盎然的文章。

《蜘蛛开店》是一篇童话故事，讲述的是一只蜘蛛因为寂寞、无聊决定开一家商店。他卖口罩，来了一只河马，他织口罩用了一整天。他卖围巾，来了一只长颈鹿，他织围巾足足忙了一个星期。他卖袜子，来了一条四十二只脚的蜈蚣，他吓得匆忙跑回网上。

课文故事情节简单，一波三折，内涵丰富。蜘蛛从"卖口罩"改成"卖围巾"，再改成"卖袜子"，想的都是"织起来很简单"；他卖东西的价格，总是"每位顾客只需付一元钱"。蜘蛛思维方式简单，处事方式简单，偏偏迎来了3个特殊的顾客：嘴巴最大的河马、脖子最长的长颈鹿、脚最多的蜈蚣，导致口罩、围巾、袜子织起来都很不简单，他最后"吓得匆忙跑回网上"。

2. 生字词分析

这篇课文一共要求认读15个生字，书写9个生字，其中"店、夫、换"是认写同步的生字。

15个生字中，"店"出现在课题中，文中又以"商店"一次再现。"蹲、换"是形声字、动词。"颈"在词语"长颈鹿"中出现，加上"蜈蚣"，都是文中的两位顾客。"口罩、袜子"是学生熟知的事物。剩余的"寂寞、编织、顾客、付钱、匆忙、工夫",适宜放在具体的语言环境中理解识记。

9个要写的生字,"店"是左上包围的字,左上包围的字的书写规范在语文园地一中有专门的指导。"夫、商"是独体字,"商"字里面的字的笔画容易写错,需要特别提醒。"定、完"都有宝盖头,是上下结构的字。"决、终、换、期"是左右结构的字,其中,前三个左窄右宽,"期"左宽右窄。

3. 课后题解读

（1）"朗读课文。根据示意图讲一讲这个故事。"在课文朗读方面,二年级下册的要求在过去三册教材的基础上继续螺旋上升,结合人物语言表达和强调的重点,读出重音。有关讲故事的要求,在这一课之前,学生已进行过多次复述课文的练习,有借助插图的(《小蝌蚪找妈妈》),有借助关键词的(《玲玲的画》《曹冲称象》),有借助表格的(《小马过河》)。借助思维导图,是第一次出现。思维导图既提示了故事的线索,又可以帮助学生复述课文,更是一种思维方法的渗透。

（2）"接下来会发生什么事?展开想象,续编故事,讲给大家听。"这个故事在蜘蛛见到长着四十二只脚的蜈蚣时,戛然而止,留给了读者很大的遐想空间:蜘蛛会一如既往地累坏自己,又换成另外一家商店,又遇上特殊的顾客;还是会改变自己的经营策略……只要引导学生广开思路,这里可以有许许多多有趣的事情可以延续。

【学情分析】

经过一年半的学习,学生已有了较强的独立识字能力。在课文朗读方面,学生经过前三个学期的学习,已掌握一定的朗读方法,从二年级上册第一单元开始,着重学习通过重音,表达不同的阅读体会。这项朗读能力需要继续在后续的课文学习中不断练习巩固。

课后的"示意图",实则是思维导图,学生第一次接触这类图示。要达成"根据示意图讲故事"的目标,学生首先要能读懂这个导图,明白里面的词语是提取课文信息所得的,而且同一条线上的词语是与故事情节的推进有关的,这些线共同构成了一个完整的故事。然后学生才能根据导图讲故事,并且顺着线索的提示想开去,丰富和拓展故事。

【设计理念】

1. 创设情境，童心趣味

创设趣味十足的课堂，让学生在趣味中感受阅读的快乐。通过角色扮演等方式，让学生感受故事的趣味和阅读的快乐。

2. 导图引路，思维训练

在读课文的过程中，渗透思维导图的学习，进行思维训练。

3. 创新角度，语言运用

多角度讲故事及创编，拓展学生的思维，进行高层级的语言训练。

【教学目标】

（1）能正确认读"店、蹲、寂、寞、罩、编、顾、付、夫、换、颈、袜、匆、蜈、蚣"共15个生字，正确书写"店、决、定、商、夫、终、完、换、期"9个生字。

（2）能通顺、流利地朗读课文，继续练习重音朗读，读出故事的情趣。

（3）能提取信息把故事脉络整理成示意图，并能根据示意图讲故事。变换角色多角度讲故事。展开想象，续编故事。

【教学重难点】

1. 教学重点

（1）继续练习重音朗读，读出故事的情趣。

（2）能提取信息把故事脉络整理成示意图，并能根据示意图讲故事。变换角色多角度讲故事。展开想象，续编故事。

2. 教学难点

能提取信息把故事脉络整理成示意图，并能根据示意图讲故事。变换角色多角度讲故事。展开想象，续编故事。

【教学准备】

课件、贴图、头饰、字卡。

【教学课时】

两课时。

第一课时

【教学过程】

目标：

（1）能正确认读"店、蹲、寂、寞、罩、编、顾、付、夫、换、颈、袜、匆、蜈、蚣"共15个生字，正确书写"店、决、定、夫"4个字。

（2）能通顺、流利地朗读课文，学习"口罩店"的部分，读出故事的情趣。

（3）能提取信息把故事脉络整理成示意图，并能根据示意图讲"口罩店"的故事。变换角色多角度讲故事。

板块一：边猜边听，激发阅读期待（见表5-8）

表5-8　引出《蜘蛛开店》内容表

学生活动	教师活动	学习评价
1. 交流对蜘蛛的了解。 2. 认读生字"商店"及组词。 3. 通过课题猜内容（蜘蛛为什么开店？会卖什么？有谁来买东西？）	1. 创设情境，聊蜘蛛。 2. 组织认读"商店"，示范写"商店"。 3. 巡视评价	对故事感兴趣，大胆猜测故事内容
设计意图：通过激趣导入，让学生从生活中认识的蜘蛛，走进故事中的蜘蛛，并通过猜想内容，激发阅读期待，巧妙地过渡到文本学习中		

板块二：自读故事，初知故事内容（见表5-9）

表5-9　读《蜘蛛开店》练习评价表

学生活动	教师活动	学习评价
1. 自由读课文，借助拼音认读生字，读通句子。 2. 三个同学分别简说故事三部分的大意，在教师的提示下贴示意图。 3. 学习阅读示意图，知道示意图竖着看提示了故事的内容和顺序，横看分别讲了开什么店、谁来了	1. 提出自读要求。 2. 引导提炼故事大意。 3. 引导发现示意图与课文内容的关系	1. 能贴图梳理故事大意。 2. 会阅读示意图
设计意图：在教师激发阅读期待后，自读课文。在教师的引导下学习贴图整理故事大意，初步了解示意图的作用		

板块三：随文识字，走进"口罩店"情境（见表5-10）

表5-10　了解并结合实际理解《蜘蛛开店》表

学生活动	教师活动	学习评价
1. 了解蜘蛛开店的原因。学习词语"寂寞、蹲"。结合自身经历，谈谈寂寞的感受，想象蜘蛛的感受，朗读第一自然段。 2. 了解蜘蛛怎样开"口罩店"。学习词语"罩"。朗读中复现"编织、顾客、付钱"等词语。 3. 联系生活，体会蜘蛛的小与河马的大，想象蜘蛛见到河马时的心理活动，感受织口罩的困难。情境朗读。 4. 回归1～4段，分组朗读、小组中合作朗读	1. 组织朗读、评价。 2. 组织随文识字，引导感悟故事情境，指导朗读。 3. 板书补充示意	能在情境中识字，读出故事的情趣
设计意图：在情境中识字，既有利于对词语的理解，又能更好地感悟故事的情趣。继续落实重音朗读的指导和训练，读出故事的情趣。教师对导图的梳理，有利于学生进一步认识导图，为下一步借助导图讲故事做好铺垫。		

板块四：借助导图，多种形式讲故事（见表5-11）

表5-11　思考并多角度理解《蜘蛛开店》表

学生活动	教师活动	学习评价
1. 梳理1～4段内容，知道课文先写开店的原因，然后写怎么开店，再写谁来了，最后结果怎样。根据"学习单"的提示，尝试讲这部分的故事。 2. 分享故事。 3. 试着换一个角度讲故事，思考如果把自己当成蜘蛛或河马，会怎样讲故事。 4. 选喜爱的角色，构思故事内容。 5. 组内讲故事，互相提建议。集体交流，互评完善故事	1. 引导学生梳理1～4段的脉络。补充导图。引导学生讲故事、评价。 2. 引导学生选角色，并根据角色和示意图讲故事。 3. 组织交流、评价	能根据示意图，尝试多种形式讲故事。从完整，到丰富，到生动，逐步达成
设计意图：借助示意图，引导学生讲述故事，为学生架好了学讲故事的"脚手架"，使讲故事的教学更容易观察、检测、评价。在此的基础上，更进一步引导学生换一个角度讲故事，这是一个比按原文内容讲故事更高层次的语言训练，学生需要对课文的语言进行吸收、内化再重组，能更有效地达到语言训练的目标。同时，为下一个课时续编故事做铺垫		

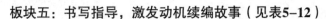

板块五：书写指导，激发动机续编故事（见表5-12）

表5-12　练习书写和布置作业内容表

学生活动	教师活动	学习评价
1. 回顾"口罩店"内容，复习词语"寂寞、决定、商店"。 2. 观察"决定"的结构、写法。看老师范写、书空。 3. 练习书写，互评修改。 4. 练习用"决定"说话	1. 引导学生观察发现关键笔画、结构特点。 2. 范写。 3. 巡视指导、组织评价。 4. 小结，布置作业，留下悬念	能正确书写"决定"，并在情境中运用"决定"说话
设计意图：主要通过观察、熟记口诀、教师示范、自主练习等方式，训练学生规范书写生字的能力		

第二课时（略）

【教学目标】

（1）学习"围巾店、袜子店"的故事，发现故事的结构特点。

（2）展开想象，续编故事。

（3）练习书写其余生字。

【教学过程】

（1）回顾课文内容。

（2）情境朗读"围巾店、袜子店"的故事，随文学习"换、匆忙"。

（3）比较发现课文内容及结构的相似之处，讲"围巾店、袜子店"的故事。

（4）续编故事。

（5）书写练习。

附：

20《蜘蛛开店》（第一课时）学习单

我会预习

1. 我能借助拼音读准"生字条"中的生字

我评自己：☆☆☆

2. 我请爸爸妈妈听我试读课文

爸爸妈妈评我：☆☆☆

我爱学习

1. 我会讲故事

原因（寂寞、无聊）→怎么想（卖口罩）→怎么做（招牌、一元钱）→顾客来了（河马）→顾客的特点（嘴巴大）→结果（一整天）

2. 我会写

shāng diàn　　　　　　　　jué dìng

商 店 □ □　　　　　　决 定 □ □

	笔画正确	结构合理		笔画正确	结构合理
自评	👍	👍	互评	👍	👍

图5-10　写一写，评一评

3. 我会说

试着用"决定"说一说

（1）蜘蛛很寂寞，很无聊，决定＿＿＿＿＿＿。

（2）蜘蛛觉得给河马织口罩太累了，决定＿＿＿＿＿＿。

（3）蜘蛛觉得＿＿＿＿＿＿，决定＿＿＿＿＿＿。

（4）我＿＿＿＿＿＿，决定＿＿＿＿＿＿。

由表及里，深度学习

——《蜘蛛开店》第一课时教学反思

《蜘蛛开店》是统编教材二年级下册第七单元的第二篇课文。这是一篇饶有趣味的童话故事，情节简单，一波三折，内涵丰富。故事讲述的是一只蜘蛛因为寂寞、无聊，决定开一家商店。他以自己最擅长的本领编织为卖点做起生意来，以"织起来很简单"为思路来决定卖的商品，卖东西的价格也只是"每位顾客只需付一元钱"。蜘蛛思维方式简单，处事方式简单，却偏偏迎来了3个特殊的顾客：嘴巴最大的河马、脖子最长的长颈鹿、脚最多的蜈蚣，导致口罩、围巾、袜子织起来都很不简单，当他看到四十二只脚的蜈蚣来买袜子的时候，"吓得匆忙跑回网上"。故事到此结束，但蜘蛛是否还继续开店？如果继续开店，他会转变自己的销售思路吗？这些悬而未决的问题，都是学生们非常乐于去猜测探索的。

基于这样一个情节简单，趣味盎然的故事，我把这一课的教学目标定为：

（1）能正确认读"店、蹲、寂、寞、罩、编、顾、付、夫、换、颈、袜、匆、蜈、蚣"共15个生字，正确书写"店、决、定、商、夫、终、完、换、期"9个生字。

（2）能通顺、流利地朗读课文，继续练习重音朗读，读出故事的情趣。

（3）能提取信息把故事脉络整理成示意图，并能根据示意图讲故事。变换角色多角度讲故事。展开想象，续编故事。

"读出故事的情趣，整理故事的示意图，讲故事、编故事。"以上三个学习目标，都围绕着故事的特点而设定。怎样根据学生的学情，设计教学活动以达到以上的目标呢？我着重思考以下两点。

一、有感而发才能读出情趣

（一）感受蜘蛛的"寂寞、无聊"

蜘蛛整天蹲在网上等着小虫子飞来，他每天都做同样的事情而且每天都只有他自己一个人，所以感到寂寞，因此，他才会想到开口罩店，换点别的事情做做，也借做生意招揽顾客来陪陪自己。学生读这个故事，首先要理解的是蜘蛛开店的原因，要读出这部分的情趣，自然就要感受蜘蛛的"寂寞、无聊"，才能与蜘蛛产生情感上的共鸣。因此，为了达成"读出情趣"的这一目标，我是这样设计教学活动的（见表5-13）：

表5-13 教学活动表

学生活动	教师活动	学习评价
了解蜘蛛开店的原因。学习词语"寂寞、蹲"。结合自身经历，谈谈寂寞的感受，想象蜘蛛的感受，朗读第一自然段	1.组织朗读、评价。 2.组织随文识字，引导感悟故事情境，指导朗读。 3.板书补充示意图	能在情境中识字，读出故事的情趣

【课堂实录】

师：现在让我们走进故事中。谁知道蜘蛛为什么要开店呢？你从哪里知道

的？（出示"读第一自然段"）

　　生：读第一自然段。

　　师：蜘蛛每天都做同一件事情——蹲在网上，等着小飞虫落在上面。谁会做蹲的动作？

　　现在你就是蜘蛛，每天蹲在网上等虫子，你有什么感觉？

　　生：无聊、累。

　　师：请你带上这种感受读一读。除了好无聊，蜘蛛还感到什么？

　　生：好寂寞。

　　师：（出示词语"寂寞"）这两个字都有宝盖头，宝盖头古时候指的是屋子，什么是"寂寞"呢？

　　生：闷在家里，没有人陪伴，很孤独。

　　师：你们有过寂寞无聊的时候吗？你寂寞无聊的时候想做什么？

　　生：结合自己的经验畅谈"寂寞"的感受。

　　师：你能读出蜘蛛的寂寞、无聊吗？蜘蛛感到寂寞、无聊，于是就想利用自己的本领开一家商店。

　　在这个过程中，学生从"蹲"的动作到"寂寞"的感受，都是联系着自己切身的经历来体会的，有了这个感同身受的过程，就更能体会蜘蛛的心情，从而通过朗读表现出来。

　　（二）感受织口罩的难

　　这个故事最有趣的地方就是蜘蛛要卖的东西与来买东西的顾客所形成的巨大冲突。河马是第一位来的顾客，它的体型与蜘蛛形成了鲜明的对比，它的大嘴巴与蜘蛛所想象中的口罩也是存在着天壤之别。因此，我在这个教学环节中，也是带着学生联系生活实际，真切感受到两者的差别，让他们更好地体会蜘蛛的心情，读出故事的情趣。

表5-14　教学情趣表

学生活动	教师活动	学习评价
联系生活，体会蜘蛛的小与河马的大，想象蜘蛛见到河马时的心理活动，感受织口罩的困难。情境朗读	1.组织朗读、评价。 2.组织随文识字，引导感悟故事情境，指导朗读。 3.板书补充示意图	能在情境中识字，读出故事的情趣

【课堂实录】

师：你见过河马吗？是什么样子的？

生：嘴巴很大、体型庞大。

师：能用手比画一下或说说河马有多大吗？

（学生有的用手画个大圈，有的用自己的身高、体型来跟河马比较。）

师：那蜘蛛有多大？

（学生用手指比画。）

师：是啊！对于蜘蛛来说，河马简直像个巨人啊！如果你是蜘蛛，远远看到河马走过来，你会怎样想？

生：太吓人了，好恐怖，嘴巴这么大，口罩要怎么织啊！……

师：请你带着这种心情读读这句话。

虽然只是简单地比画一下动作，比较一下大小，但这个过程真实地把河马与蜘蛛的强烈对比呈现出来，而不是简单地停留在文字上面的印象。有了这个过程，学生的朗读自然入情入境，把蜘蛛的那种惊讶、担忧、无奈……的心情表现得淋漓尽致。

作为成年读者，对于以上两个文中的细节，一读就能意会。作为学生，他们也能一读就明白，但要能真正感受到其中的趣味与内涵，是需要教师把他们往故事情境里推一把的。只有感同身受，想蜘蛛所想，感蜘蛛所感，才能投入到故事情节中，真正读出故事的趣味。

巧用示意图，最大限度发挥其作用。

课后题一：朗读课文。根据示意图讲一讲这个故事。根据对学习任务的分析，我认为要完成这道题目，学生首先要看懂这个图，只有看懂了，才能根据示意图讲故事。思维导图是第一次出现，在教学中必须有指导读图的过程。有关讲故事的要求，在这一课之前，学生已进行过多次复述课文的练习，有借助插图的（《小蝌蚪找妈妈》），有借助关键词的（《玲玲的画》《曹冲称象》），有借助表格的（《小马过河》）。本课采用思维导图的方式，既提示了故事的线索，又可以帮助学生复述课文，更是一种思维方法的渗透。

为了有效落实这一课后题及相应的教学目标，我在设计教学活动分成两步走。

1. 会看示意图

在这一部分的教学中，我两次使用示意图。第一次，在学生初读课文后，边听个别学生的简说三部分大意，边呈现示意图，因为这是学生第一次接触思维导图，通过这个过程，让学生直观地理解这个示意图是怎么来的。然后，我再一次使用示意图，指导学生学习竖着看及横着看，发现竖着看，示意图提示了故事的内容和顺序；横着看便知道蜘蛛分别开了什么店，都有谁来买东西了。这是一个思维提升的过程，有了第二次的读图，学生对示意图以及故事的情节和内容就更清晰了。

2. 借助示意图讲故事

有了第一步的铺垫，借助示意图讲故事的目标便水到渠成了。教学中，我引导学生归纳1~4段的内容，在课件中逐步呈现示意图，然后再让学生借助示意图讲口罩店这部分的故事。（见图5-11）

图5-11　课文脉络示意图

（三）会用示意图编故事

既然思维导图是一种思维的工具，如果只停留在会看及作为讲故事的支架上，那它的教学价值就大打折扣了——我们还可以让学生尝试运用这种工具。

课后题第二题：接下来会发生什么事？展开想象，续编故事，讲给大家听。对于这个有着无限可能的故事，学生们一定会有很多的想法，怎样引导他们把自己想到的有条理地说清楚呢？思维导图就是一个很好的工具。我把续编故事这个教学内容放在了第二课时，第一课时先根据口罩店的故事进行"换角

度讲故事"的训练，进一步指导思维导图的使用。因此，在教学中，我又第四次运用思维导图。（见图5-12）

图5-12　应用示意图编故事

　　在借助示意图讲述口罩店故事的基础上，更进一步引导学生换一个角度讲故事，这是一个比按原文内容讲故事更高层次的语言训练，学生需要对课文的语言进行吸收、内化再重组，这时候，主动运用导图这一思维工具进行故事情节的搭建，能更有效地达到语言训练的目的，为下一个课时续编故事做铺垫。

　　以上有关朗读与示意图的教学，我都紧紧围绕文本的特点，课后题的导向，切实从学生学习的角度去思考目标的制订及教学活动的设计，一步步引导学生从字面到情感，从会看到会用，逐层递进，以求让学生经历真正的学习过程，实现深度学习的目的。

设计：广州市海珠区万松园小学　杨璐怡

反思：广州市海珠区万松园小学　杨璐怡

二、写话教学

《语文园地七·写话》教学设计

【教材分析】

本次写话内容位于统编版小学语文二年级下册"语文园地七"。本单元以

"改变"为主题,选编了四篇动物题材的童话。写话则延续了有关小动物的话题,趣味性强,富有生活气息,符合学生的年龄特点,贴近学生表达的需要。与此同时,该单元的阅读课文从不同的角度展现了动物不同的特点,有助于学生打开写话思路。

此次写话是统编版教材中第一次出现说理的书面表达训练。怎样能把理由表达清楚?教材为我们提供了思路:先思考想养什么动物,再想想理由是什么,鼓励学生多写几句。纵观全册的教学内容,编者设计了多个来源于生活的口语交际练习,引导学生清楚地表达想法,简单说明理由。这些口头表达训练均为本次写话打下了基础。怎样把理由说得更清楚,更充分?除了本单元课文中对各种动物特点的渗透外,二年级上册中的口语交际《有趣的小动物》也是一个铺垫。本次写话的训练重点在于引导学生运用已有的句式,将自己的理由表达清楚;拓宽思路,多写几条理由。

【学情分析】

学生已掌握写话的基本格式,有状物、写人等的写话体验,能用上阅读中积累的一些词语。在本学期中,学生已先后接触到不同层次的说理口头练习,能清楚表达自己的想法,并用上"因为……"的句式陈述理由。

在本次写话中,学生要由会说过渡到会写,大胆、清楚地表达自己想养小动物的理由。刚落笔时,由于思路未打开,写出的理由可能会比较单一,需要拓宽思路,尝试多写几条。二年级为写话的起步阶段,重点仍是激发和保护学生写话的兴趣和表达的欲望。

【设计理念】

1. 运用交际策略,在具体情境中激发学生的表达欲望

"交际写作"是一种"读者导向、交流驱动、语境生成"的写作。写作目的是表达自我和与人交流。运用交际策略,营造贴近现实生活、富有趣味的交际情境,着眼于互动,激发学生的表达需要,让语文学习从生活中来,到生活中去。

2. 运用分组策略,生生互助,打开写话的思路

《语文课程标准》倡导合作探究的学习方式,运用同质分组与异质分组的策略,让每一个学生都有机会成为"学师"和"学友",尽可能地扩展每个教学环节的参与面。充分利用合作学习的形式，进行信息交流与情感沟通，顺学而导，从而激发学习兴趣，提高学习效率，促进学习目标的达成。

【教学目标】

（1）写清楚自己想养什么小动物。

（2）大胆表达自己的想法，写清楚自己想养某种小动物的理由。

（3）通过交流讨论，打开思路，多写几条理由。

【教学时间】

两课时。

【教学准备】

设计并派发练习纸，学生画出自己想养的小动物。

<h3 style="text-align:center">第一课时</h3>

【学习目标】

（1）写清楚自己想养什么小动物。

（2）大胆表达自己的想法，能运用一些学过的词语写清楚自己想养小动物的理由。

【教学重难点】

（1）重点：大胆表达自己的想法，写清楚自己想养小动物的理由。

（2）难点：打开思路，多写几条想养小动物的理由。

【教学过程】

板块一：创设情境，激发兴趣（见表5-15）

表5-15 引出"养小动物"话题表

学生活动	教师活动	学习评价
1. 观看小动物图片和视频，进入情境。 2. 大胆表达，用一句话说说喜欢什么小动物。 3. 明确写话要求	1. 播放PPT，创设情境。 2. 相机贴动物图卡。 **板书：我想养**	
设计意图：激发儿童的学习兴趣，保护儿童天性是统编教材的突出特点。因此，写话课应该富有童趣。借助图片、视频等信息技术媒介，在开课之初就创设愉悦的交际情境，引起学生的学习兴趣，激发表达欲望		

学生活动	教师活动	学习评价
4. 动笔写话。 （1）聆听要求，明确要用一句话写清楚自己想养什么动物，并用上正确的标点。 （2）自检执笔姿势。 （3）复习写话的基本格式。 （4）动笔写话。 5. 同桌交流：读句子，集体评价	3. 提出写话要求。 4. 提示并检查写字姿势。 5. 组织展示与分享	四人小组评议：是否能用完整的句子写清楚想养什么小动物

设计意图：尊重学生的认知特点，找准学习起点。根据学情，将本次写话目标分解为3个小目标，小步前行：一是写清楚想养什么；二是写清楚想养这个小动物的理由；三是多写几条理由。

此环节先创设趣味盎然的情境，激发学生的表达欲望；接着复习写话基本格式，落实基本要求；然后顺势引导学生完成自己能独立完成的第一项任务：写清楚想养什么小动物。接着充分发挥学生的自主能动性，组织生生交流互评，全员参与，实现"学–评一致性"

板块二：先说后写，写清理由（见表5–16）

表5–16 交流、记录并分享"养小动物"话题表

学生活动	教师活动	学习评价
1. 自由畅谈，打开思路：为什么想养这个小动物？怎样写理由？ 2. 汇报交流。用上"因为"一词，并能把为什么想养小动物说清楚。 3. 由说到写，写清理由。 （1）自检执笔姿势再动笔。注意保持正确的写字姿势。 （2）怎样想就怎样写，可以用上学过的说理由的句式。 （3）写完之后，将笔和橡皮轻轻放回笔盒中。 4. 交流汇报，集体评议：句子是否通顺完整，表达清楚。 （1）几位同学展示写话，集体评价。 （2）四人小组交流互评	1. 创设情境：来听听晴晴是怎样对妈妈说理由的吧。（播放音频） 2. 指名汇报。每人说一个理由。 3. 巡视，个别指导。 预设一：如果学生没说清楚理由，引导回顾《小马过河》的课后习题。（板书：为什么） 预设二：在指名汇报的过程中，引导生生互评：从哪个方面来说理由 （板书：样子、习性……）	小组交流，集体评议：能否用上"因为"一词，并将养小动物的理由说清楚。 师生共同评价：能用上表示理由的句式，把理由写清楚，把句子写完整

续　表

学生活动	教师活动	学习评价
设计意图：继续以音频图片等创设出贴近生活的情境，以交际促表达，引导学生先自由说说理由，为接下来的写话铺设台阶。教师根据学生的实际情况，适时引导回顾旧知、阅读取法，唤醒知识储备。 先说后写，旨在突破重点，减低动笔的畏难情绪。此环节给予学生自由发挥的空间，完成写话的第二项小任务：写清楚想养小动物的理由。尊重学生，鼓励学生怎样想就怎样写，在写法上不做过多的指导和限制		

板块三：互为学师，拓宽思路（见表5-17）

表5-17　互评关于"养小动物"写话内容表

学生活动	教师活动	学习评价
1. 聆听音频。 2. 互动对话：如果自己是晴晴的爸爸妈妈，同意晴晴养小狗吗？为什么？ 3. 拓宽思路，补充理由 （1）回顾板书，拓宽思路。 （2）再次动笔，多写几条理由	1. 创设情境：晴晴也将自己的理由写了出来，妈妈看了以后，是怎么说的？（播放音频） 2. 师生对话。 3. 组织汇报交流，相机评价点拨，分层给予指导，鼓励个性化表达（板书）	交流互评：可以从多个方面来说理由
设计意图：继续创设交际情境，在保持写话趣味性的同时，进一步激发学生的表达需要。在多元互动环节中顺学而导，拓宽思路，点拨提升，突破写话的重难点，完成第三项小任务：多写几条理由		
4. 同质分组，互评互学 （1）几位同学展示写话，互评。 （2）选择养同一种小动物的几位同学展示写话。 思考：几位同学都写了自己想养某种小动物的理由，有什么不一样呢？ 预设一：能从不同的方面来写理由。 预设二：同样从某一方面写理由，有的同学概括地写，有的能展开来写。引导思考：你认为哪一个同学的理由说得更清楚？ （3）小结学法。 （4）尝试修改、补充理由。（此环节为机动）	4. 随机展示写话，组织生生互评。启发思考	交流互评：可以从多个方面写出理由

续 表

学生活动	教师活动	学习评价
设计意图：教师关注方法、策略，但不是生硬地教给学生，而是在展示交流的过程中，充分利用现场生成的教学资源（学生作品），鼓励学生自己发现、探究。 运用"同质分组"策略进行集体展示交流的目的有二：一是给学生创设展示写话成果的平台，营造交际的语境，强化交流的需要，让学生感受写话带来的成功感；二是互为学师，互促提升，在交流中进一步打开思路。教师根据学情给予不同的指导，引导学生在原有的基础上更进一步，表达得更清楚		

板块四：交际互动，练习说理（见表5-18）

表5-18 对"养小动物"话题角色扮演练习表

学生活动	教师活动	学习评价
1.角色扮演，练习说理。 （1）指名读理由，其他同学当父母，说说愿不愿意让孩子将小动物带回家。 （2）角色扮演，生生对话，互动点拨	1.创设交际情境，组织生生交流。点拨时，相机渗透交际素养的指导：如大胆清楚地表达自己的理由，倾听与尊重家人的意见等	生生互评：理由说得是否清楚
设计意图：将交际情境贯穿始终，组织角色扮演，让学生在迁移与运用中感受到写话内容是与生活紧密相连的。此环节不单是给予学生展示的机会，引导仔细聆听做出反馈，同时也是在进行说理的训练。 统编版教材注重自然渗透、立德树人，注重文化传承、涵养品格，所以教师在多元对话的说理环节渗透交际素养的指导：如大胆清楚地表达自己的理由，倾听与尊重他人的意见，换位思考等		
2.四人小组交流，互评加星	2.组织异质分组，交流互评	生生互评：写清楚自己想养小动物的理由；多写几条养小动物的理由
设计意图：四人小组中各人选写的内容不同，即"异质分组"，更有利于求异思维的发展，有助于进一步打开思路，同样是以交际促表达提升。交流互评，检测"教-学-评一致性"		
3.明确作业要求： 把养小动物的理由读给爸爸妈妈听。听听他们是怎么说的	3.统计自评情况。 4.布置作业	
设计意图：课后继续展示写话作品，与更多的读者对话交流，体验写话带来的成功感		

板书设计（见表5-13）：

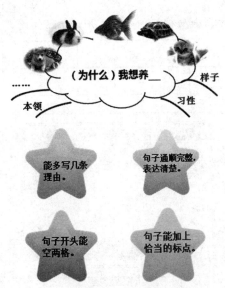

图5-13 "养小动物"原因的思维导图

第二课时

【教学内容】

（1）自由添加理由。

（2）同质分组，交流互评。

（3）集体展示互评。

【教学过程】

略。

附：

图5-14 练习纸

班别：_____ 姓名：_____

你想养什么小动物？画一画。用一句话写清楚你想养什么小动物。

图5-15　画出想养的小动物

请将你想养这种小动物的理由写下来。

我会评　1.句子通顺完整，表达清楚。☆☆　2.能多写几条理由。☆☆　3.句子开头能空两格。☆☆　4.句子能加上恰当的标点。☆☆

图5-16　写出养小动物的理由并评价

目标导航，"易趣"为重
——《语文园地七·写话》教学反思

《语文园地七·写话》是统编版小学语文二年级下册第七单元的写话，也是该册教材第四次写话训练。特级教师段宗平在2018年春季统编教材网络培训中指出：写话教学要重视"易趣"为美、"心动"为美、"乐赏"为美、"真实"为美、"养习"为美……第一学段写话是习作的起始阶段，因此，在设计与执教本课时，我努力做到定准教学目标，重视激发和保护学生的写话兴趣。

一、定准目标，关注能力培养

美国教学设计研究专家马杰说："假如你对要去的目的地不清楚的话，你很可能会抵达另一个地点，而且还不知道走错了目的地。"教学目标是教学的起点与归宿，是教学活动的核心，引领着教与学的活动。准确合理地定位教学目标，才能提高语文教学的实效，提升学生的语文素养。

在研读教材与研究学情订立教学目标时，我主要关注了以下三个方面。第一，作为习作的起始阶段，教学目标要着眼于习作能力的培养，以燃"情"为重点，着力提升学生的观察能力、采集能力和思索能力，为三年级的习作打好基础。第二，明确本次是说理的表达训练，要跟介绍小动物的"状物"表达区分开来。如果只从外形、习性等方面介绍想养的小动物，就不是说理的训练了。第三，写话的要求不能拔高，只要学生能写清楚想养什么小动物和想养的理由就行了，鼓励多写几条。第一学段，最重要的任务就是要让学生想表达，愿意表达。但如果一开始就要求生动具体，就成为一种负担，容易使学生产生畏难情绪。

根据教材特点和学情，我确定了以下教学目标：

（1）写清楚自己想养什么小动物。（指向思索能力）

（2）大胆表达自己的想法，写清楚自己想养某种小动物的理由。（指向观察、采集与语言能力）

（3）通过交流讨论，打开思路，多写几条理由。（指向采集与语言能力）

只有把握住年段特点，定准了教学目标，不缺位、不越位，才能让学生感受到写话并不难，每次进步一点点，领略到写话的"易"之美。

二、交际策略，触发写作动机

第一学段写话教学目标明确指出，"对写话有兴趣"。教师要顺应学生的心理特点，低年级的写话最重要的就是"好玩"，让学生感受写话"趣"之美。

在这节课中，我运用交际策略，营造贴近现实生活、富有趣味的交际情境。在具体情境中激发学生的表达欲望，先说后写，循序渐进。如：第一板块中，先借助图片、视频等信息技术媒介，创设愉悦的交际情境，引导学生们"用一句话说说喜欢什么小动物"。在第二板块中，引出一个虚拟学习小伙伴晴晴与大家交流喜欢小动物的原因，小组交流说清楚"为什么想养这种小动物？""可以从哪些方面来说理由？"还有第四板块的角色扮演、互动练习……这一系列的交际情境均与学生的生活息息相关，让写话从生活中来，到生活中去，较好地激发了学生的表达欲望，使课堂充满了乐趣。

此外，教师还运用同质分组与异质分组的策略，让每个学生都有机会成为学师和学友，尽可能地扩展学习活动的参与面，充分利用合作学习的形式，进行多元的信息交流与情感沟通，从而进一步激发学习兴趣，促进学习目标的达成。

交际情境的创设，实现了真实生活体验与写话内容的对接，找到学生表达的触发器，帮助他们打开表达的闸门，使写话课变得生动有趣。

三、基于学情，以评价促表达

教学要找准学生的起点，摸清学情。就写话教学而言，学生本身的阅读与表达经验，是进一步学习写作方法的起点，是教师提供学习支架的基点。

1.找准起点，随心而书

通过纵横联系，分析学情，我找准了学生的起点——能用上"因为……"的句式，说清楚并写清楚喜欢养小动物的一两条理由。基于这个起点，确定了本次写话训练的生长点——打开思路，多写几条理由。

古人写作时有一种理念，先放后收，从"大胆文"起步，逐步过渡到写"小心文"。统编教材倡导真实为美：想到什么就写什么。在写话的要求上，除了一些基本的行文和格式规范，其他基本不做具体规定，其目的在于营造无压力的写话氛围。

基于上述两点思考，我在创设情境激发表达欲望后，没有进行写作内容或者技巧上的指导，而是让学生自由写作，随心而书。宽松的创作环境更有利于学生怎样想就怎样写，进行个性化表达。

2. 调控记录，捕捉典型

在学生写作的过程中，我只对个别学困生进行指导。巡视重点放在了对学生的写话情况进行摸查与调控，并运用希沃白板（一款信息化的在线教学平台）的拍摄、保存、展示等技术手段及时记录下来。通过巡视，我选出具有代表性的写话例子——选择了几位从不同角度写想养小狗的学生作品，拍照上传至希沃白板系统的云端，为后续的评改做好准备。

3. 多元评价，以评促改

认知结构学习理论指出：具体的方法和规律等要让学习者自己去探索、去发现、去总结，通过独立思考，提高学习能力。

在本课中，我充分发挥学生的主体性，引导学生自主发现写话的思路。利用希沃白板的实投功能，即时展示学生作品，进行评价交流：先投影出示了四个写想养小狗的学生的作品，请他们响亮地读出自己的理由。引导其他学生一边听一边看，思考这四位同学都写了自己想养小狗的理由，有什么不一样呢？在学生们充分讨论的基础上，我进行了小结：原来，同样写想养小狗，可以从不同的方面来写理由。而选择同一个方面来写的，也可以展开来写，就能把理由写得更充分了。

正如吴忠豪教授所言，"在学生实践运用以后，你再去点评一些方法规律更加有效，学生在实践过程中会自觉、深入、具体地理解老师所教的方法"。在这节课中，我想方设法为学生搭建展示的平台，通过全班交流、同位交流、小组交流、布置课后亲子交流等方式，让学生展示自己的写话，互为学师。在点评赏析的过程中善于发现和放大学生的优点。鼓励细心观察、大胆表达，在表达中运用学过的词语、词组和句式，帮助学生逐步树立写话信心和作品感，实现"乐赏"为美——"自美其美""美人之美"。

四、涵养品格，重视立德树人

统编教材倡导"养习"为美。这节课中，我不但重视书写等一般学习习惯的养成，同时有意识地在课堂中渗透立德树人，涵养品格。

例如：在多元对话的说理环节中渗透交际素养的指导——大胆清楚地表达自己的理由，专心倾听等。又如：在第四板块"交际互动，练习说理"中，

117

创设了一个与爸爸妈妈交流说理的情境：先请一位学生来读自己写的理由，其他同学当爸爸、妈妈，说说听完以后是否同意他把这只小动物带回家。当扮演家长的学生说不同意的时候，引来了哄堂大笑。我适时地引导学生回顾日常生活，是否曾遇到这样的情况。通过师生交流，让学生们明白在跟家人或者朋友商量或说理由的时候，一方面要运用自己学过的知识把理由说清楚，另一方面也得听听别人的理由。互相尊重，互相体谅，才能顺利解决事情。这里渗透的便是倾听与尊重他人的意见、换位思考等的交际素养与品德教育。

课后静心反思，这节课仍存在不少需要进一步完善的地方。其中，如何关注学生差异，开展有效教学，引发了我的思考。

为了降低写话难度，我选择了分步指导：先来写一条理由，然后再多写几条。而在实际授课的过程中，我却发现有一部分学生第一次就已经能写出几条理由。也就是说，这些学生其实不需要分步走，那他们这节课的生长点在哪里呢？

细细思量，我在备课时，只是关注了全班的整体水平，忽略了学生在语言积累、表达能力、书写速度等方面的个体差异。因此也就没有找准各层次学生的"最近发展区"来设计教学活动。这样就可能导致有的学生"吃不下"，有的学生"吃不饱"的情况。

带着疑问，我重新回顾本次写话课，希望能找到优化课堂教学的突破口。怎样才能做到实实在在的因材施教呢？我想可以尝试分层设计学习活动：

（1）课前，根据以往学生写话的情况，预估本次习作哪些学生可能有困难，哪些学生是学有余力的，做到心中有数。

（2）在第二板块"先说后写，写清理由"中，不做统一的硬性规定，让学生根据实际情况自选：可选写清楚一条理由；也可以多写几条，把理由写清楚。下有保底，上不封顶，将自主权交还给学生。写话的时候，教师重点关注写话比较吃力的学生，给予指导和鼓励。

（3）在第三板块"互为学师，拓宽思路"的环节，教师有意识地给予学有余力的学生担任"学师"的机会，让他们体会成功感，同时引导思考：怎样能把这几条理由说得更清楚，让听者更明白？看谁最会运用积累到的词句把理由写清楚。提出更高一层的要求，让这些学生有前进的目标。

作为教师，要时刻记住，学生之间是有差异的，不是每一个学生都站在同一起跑线上。一节课，要努力使每一个学生在原有的基础上得到提升，这样，课堂教学才是真正扎实有效的。

综上所述，第一学段的写话教学，教师要定准写话教学的目标，做好真实生活体验与写话内容的对接，"易趣"为重。通过创设有趣的情境，营造轻松开放的课堂教学氛围，进一步激发学生的表达欲望；通过营造有趣的交际互动环节，拓展学生表达内容，培养作品感和成功感。此外，还应重视学生之间的差异，分层指导，鼓励个性化表达。这样，才能真正实现"一课一得"，让学生爱上写话。

《语文园地七·写话》教学点评

广州邓丹玫老师执教的是部编语文教材二年级下册《语文园地七·写话》。这堂光盘课获得了表达课类别的一等奖。我们从教学目标、教学过程、教学方法三个方面加以评析。

一、教学目标定位精准

教科书设计的本次练习要求是：如果可以养小动物，你想养什么？写写你的理由，试着多写几条。

1. 对教科书的文本解读

邓老师从三个方面解读本次练习。

一是对上述要求的解读：教材为我们提供了思路，先思考想养什么动物，再想想理由是什么，即写话的要求包括两个方面：动物名称和理由。

二是从读写结合的视角，对本单元阅读课文《大象的耳朵》《蜘蛛开店》《青蛙卖泥塘》和《小毛虫》整体解读：四篇动物题材的童话从不同的角度展现了动物不同的特点，为学生打开了写话思路。写话的角度可以借鉴阅读课文中对动物外形特点的描写：大象的耳朵、河马的嘴、长颈鹿的脖子、蜈蚣的脚，由阅读迁移到写话。

三是联系已有的二年级上册的知识和积累解读：口语交际《有趣的小动物》是一个铺垫。最后结合学情，确定本次写话的训练重点是：引导学生用上"因为……"的句式陈述理由。将自己的理由表达清楚，拓宽思路，再多写几条理由。

2. 对写话教学策略的解读

邓老师依据《义务教育语文课程标准（2011年版）》的课程基本理念：积极倡导自主、合作、探究的学习方式，确定课堂教学中运用合作和探究的教学策略，引入同质分组与异质分组法。

基于上述解读，邓老师拟用两课时，达成如下教学目标：

（1）写清楚自己想养什么小动物。

（2）大胆表达自己的想法，写清楚自己想养某种小动物的理由。

（3）通过交流讨论，打开思路，多写几条理由。

邓老师基于课标、教科书和学情这三个视角，以《语文课程标准》为依据，精细分析教科书的练习设计要求、统整单元整体阅读内容，剖析学情，所呈现的教学目标是精准而科学的。

二、教学过程预设合理

邓老师设计了三个教学环节、六个教学步骤完成写话教学全程。第一个环节：说、写动物名称（见步骤1、2）；第二个环节：说、写理由（见步骤3、4）；第三个环节：评、改写话（见步骤5、6）。

六个教学步骤如下：

（1）借助图片和视频，激趣导入；

（2）一句话写想养的小动物，要求名称、格式正确；

（3）创设情境，想象并用"因为"的句式说理由；

（4）续创情境，用"因为"的句式写几条理由；

（5）教师选择同内容主题的学生（同质小组）交流、互评、修正；

（6）四人小组（异质小组）交流、互评。

上述三个环节、六大步骤，呈现了一个由说到写的教学顺序，体现了从写一句到写几条理由、由易到难的教学坡度。

三、教学方法的有效性与反思

邓老师在教学实施过程中，引入了合作学习教学策略：同质、异质小组。这里同质、异质是根据学生想养的小动物的种类而言的：养同一种小动物的学生在一起讨论、交流或写话，是同质小组；养不同小动物的学生在一起讨论、交流或写话，就是异质小组。同质小组的学生因关注同一种小动物，交流的话题内容聚焦且能彼此启发，发散思维，是非常契合本课教学的。提两点建议如下。

第一，若在课堂上教师能大胆地、建立真正的同质小组，让养同种动物的学生聚在一起（人数多，可分成几组）讨论、交流、写话，而不只是在完成写话后再让写相同小动物的学生先后做交流，那么合作学习的优势就真正能发挥出来了。至于课堂上前后左右邻座的四个学生，若其中有写相同小动物的，就不是异质小组。

第二，教师在反馈学生写话内容时，需及时、敏锐地指出错别字等错误。如这次学生写道："它长得很可爱。"句中"的"是错别字，教师未能指出。这是对教师语言能力的考验。

设计与反思：广州市海珠区瑞宝小学　邓丹玫

点评：华东师范大学教师教育学院　董蓓菲

三、口语交际教学

《商量》教学设计

【教材分析】

文本分析

《商量》是统编本教材二年级上册第五单元口语交际内容。在日常生活中，当需要别人帮助的时候，当自己拿不定主意的时候，当与别人意见不一致的时候，就要与别人商量解决问题。

本次口语交际中，借助贴近学生生活的交际场景引出话题。本课和一年级下册的《打电话》同属功能型的口语交际内容，但是交际的难度有了明显的提升，因此在交际的过程中，要巧设障碍，实现双向互动。同时调动学生的生活经验和情感体验，尝试自己解决问题。

口语交际是人类的一种社会活动，除了语言这一因素外，还涉及交际手段、交际对象、交际环境、交际规则等因素。因此，根据提示语，创设联系生活的交际话题，把学生带入真实的商量事情的情境中，结合书本中的"泡泡"知道什么是商量，学习怎样商量。利用教材提供的几个情境供学生练说，使学生能够用商量的语气，有礼貌地和不同的对象商量。学会倾听，清楚地表达自己的想法，意见不同时不勉强他人。结合情境卡，回归生活实际，开展多维度、立体化的口语交际训练。教师的评价要穿插其中，有效地指导学生开展口语交际。

【学情分析】

（1）二年级学生经过一年多以来的学习，逐渐地得到了想说的欲望的激发和愿意说的自信。在一年级的口语交际训练中，还学会了"当众讲话要大声"，"要注意听别人说话"，知道了"与别人交谈要看着对方的眼睛"等基本交际技巧。

（2）根据实际情况，二年级上学期的学生，在口语交际中如何理清自己的思路，自信地把自己的想法说清楚，积极主动与人商量仍是学生在交际中要挑战的难点。

【教学目标】

（1）在具体的情境中，学会在与人商量的时候，清楚表达自己的想法，做到态度真诚。

（2）在口语交际中，认真聆听别人的想法，并做出恰当的回应。

（3）学会商量的语气，有礼貌地进行交际。

【学习重难点】

（1）重点：要用商量的语气；把自己的想法说清楚。

（2）难点：进一步学习常用的商量小技巧，使商量事情顺利进行。

【学习准备】

多媒体课件、口语交际情境卡。

【学习时间】

一课时。

【教学过程】

板块一：创设情境，激发兴趣（见表5-19）

表5-19　引出《商量》话题表

学生活动	教师活动	学习评价
1. 回应老师的要求。 2. 交流和他人商量的事情	1. 创设商量的情境。 2. 揭题。（PPT出示：商量） 这节课就让我们练一练和别人商量事情。（板书：商量）	能够说出和别人商量的事情
设计意图：通过现场的真实商量的情境，让学生初步认识商量是什么，自然引入本节课的学习		

板块二：创设情境，指导交际（见表5-20）

表5-20 练习《商量》内容表

学生活动	教师活动	学习评价
1. 进入交际情境，练习怎样商量调值日的事情。 2. 生生互动时，用上商量的语气。 3. 进入交际情境，练习和老师商量调值日的事情。 4. 结合课文"泡泡"，了解被拒绝的情况	1. 创设交际情境。 我们要把事情说清楚。（板书：说清楚，想什么？为什么？）还要用上商量的语气。（板书：语气） 2. 示范和老师商量。 3. 小结：商量有时候成功，有时候不成功，也是正常的。我们可以想其他的办法	明确交际要求，练习把事情说清楚。 互动时，能用上商量的语气，将事情说清楚
设计意图：通过具体的交际练习，让学生体会到商量过程中应该注意的事项，掌握商量的方法，初步学会与人商量		

板块三：再创情境，实践运用（见表5-21）

表5-21 运用《商量》内容表

学生活动	教师活动	学习评价
1. 结合情境，同桌之间练习怎样和不同的对象商量。 2. 同桌合作展示表演。 ★情境1：向同学借的书没有看完，想再多借几天。 ★情境2：最爱看的电视节目就要开始了，但爸爸正在看足球比赛	1. 创设交际情境。 根据情境交际： ★向同学小文借的书没有看完，想再多借几天。 ★最爱看的电视节目就要开始了，但爸爸正在看足球比赛。 2. 教师巡视，相机指导。 教师点拨：要和谁商量？商量什么？ 3. 总结：商量事情除了要用上商量小技巧，面对不同的人，商量的方法也不一样	能用上商量的语气，将事情说清楚。 能够认真倾听，作出回应。 面对不同的人，能用上不同的商量方法
设计意图：通过具体的交际练习，让学生进一步练习掌握商量的技巧，学会把自己的想法向别人表达清楚，培养学生的口语交际能力。		

板块四：丰富情境，多维实践（见表5–22）

表5–22　互动并总结《商量》内容表

学生活动	教师活动	学习评价
1.抽取情境卡。 2.根据情境卡，小组讨论。 3.全班汇报表演，其他同学认真听	1.抽取情境卡，生生互动。 2.及时评价汇报表演的学生。 3.总结	阅读情境卡，展开小组讨论，能用商量的语气与同学双向互动，清楚表达自己的想法
设计意图：通过与学生生活实际相仿的交际情境，让学生运用商量的技巧，提高学生的口语交际能力		

板书设计：

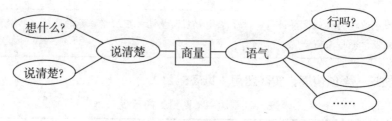

图5–17　《商量》板书设计

巧设情境，搭建平台，夯实交际

——二年级口语交际《商量》教学反思

口语交际除了语言这一因素外，还涉及交际手段、交际对象、交际环境、交际规则等因素。因此《商量》一课应在交际的过程中，根据提示语，创设联系生活的交际话题，把学生带入到真实的商量事情的情境中去，结合书本中的"泡泡"学习商量、练习商量、实践商量。

一、生活为依归，创设情境，激发兴趣

一开始，创设一个与学生的真实商量情境，激发了学生交际的兴趣。并从生活实际出发，引导学生思考曾经和他人商量过什么事。

教学实录：

师：同学们，老师想跟大家商量一件事情，上课的时候，我说1、2、3，同学们可以怎么回应？

生：我——坐——好——。

师：好，我们试一试。1、2、3。

生：我——坐——好——。

师：在生活中，我们经常需要和别人商量事情，通过商量，我们可以把事情做得更好。你们平时有没有跟什么人商量什么事？

生1：在家里做完作业，和爸爸妈妈商量看一会儿电视。

生2：在学校，和同学商量下课后做什么游戏。

师：生活中我们时刻离不开商量。这节课，就让我们一起来练一练和别人商量事情。

这个现场的真实商量的情境和结合学生的生活实际，用"你平时有没有试过商量事情？和什么人商量什么事？"等激发学生的学习兴趣，让学生初步认识"商量"是什么，自然引入本节课的学习。在这种情境中，立刻引起情绪反应，迸发了学生思维的火花，学生的感性认识逐步向理性认识转变，并让学生在情景交融中体验生活，进一步巩固了所学的道理，达到激情深化、情理交融的学习目的，这也是培养学生良好语文素养和行为习惯的一个十分有效的教学手段。

二、具象分解，精准落实，指导交际技巧

《商量》一课由"在生活中，有时候我们需要跟别人商量事情。比如，你想和小丽调换一下值日的时间，该怎样跟她商量呢？"作为第一个交际情境。随文出现了三个"泡泡"（见图5-18）：

小丽，我想跟你商量一件事情。

我想和你调换一下值日的时间，因为今天是我的生日，我想早一点儿回家，你看行吗？

没关系，那我再问问别人能不能和我调换吧！

图5-18 三个泡泡内容展示

这三个小泡泡很好地做出了商量的示范。第一个泡泡，提出商量要求，要和谁商量事情。第二个泡泡，商量具体问题，征询对方同意；要说清楚商量什么，原因是什么，并用上商量的语气。第三个泡泡，被拒绝后的回应。三段人物语言给人感觉态度真诚，能使用商量的语气清楚地把想法表达出来。

此环节要求学生通过具体的交际练习，体会到商量过程中应该注意的事项，说清自己的想法，掌握商量的小技巧，初步学会与人商量。教师根据学生的回答随机提炼商量的小技巧进行板书。

教学实录：

1. 出示第一个泡泡录音

师：最近陶陶有个小烦恼，今天是他的生日，想找同学调换值日的时间。听一听，陶陶想跟谁商量？你听到小丽这样说，你会怎么回应？

生1：请问有什么可以帮到你？

生2：请问要商量什么事情？

师：礼貌地回应是好的聊天的开始。听听，陶陶怎么跟小丽商量。

2. 出示第二个泡泡录音

师：小丽，你愿意帮陶陶吗？为什么？

生：因为今天是陶陶的生日，陶陶想早点回家，我可以帮助他，所以我愿意和他调换值日的时间。

师：把事情说清楚，别人就愿意帮助你。

生：陶陶说话的时候很有礼貌，他说"行吗？"这样听起来很舒服，我很愿意帮助他。

师：对，用商量的语气和别人商量会事半功倍。除了"行吗？"还可以用什么商量的语气？

生："可不可以"。我可不可以和你调换一下值日的时间。

生："能不能"。我能不能和你调换一下值日的时间。

师：对，把事情说清楚，用上商量的语气，那么你们都很乐意帮助陶陶。听，陶陶和小丽商量得怎么样？

3. 播放第三个泡泡录音

师：最后小丽不能帮助陶陶。陶陶，你还可以怎么做？

生：可以和其他同学商量调换值日。

师：对，找其他同学帮忙。

生：还可以找老师帮忙。

师：是，商量有时候不一定成功，但我们可以想其他的办法解决。

三、创设情境，链接生活

"遇到下面的情况，你会怎样跟别人商量？"教材中出现了第二个与学生现实生活相符的情境。

情境一：向同学借的书没有看完，想再多借几天。

有了前面的学习铺垫，这次呈现了一张情境卡，以"？"的形式出现，先让学生思考、回答，再出现主题所包含的有关商量的重要信息。这一环节，意图在于让学生有序地开展交际的实践运用。（见图5-19）

图5-19　情境一主题展示

情境二：最爱看的电视节目就要开始了，但爸爸正在看足球比赛。

情境二不再出现任何的提示，学生根据三个泡泡自行练习交际。（见图5-20）

图5-20　情境二主题展示

此处一定要通过教师的语言，把教材中的情境重新整理加工，让学生真实地感受到，自己最爱的电视节目要开始，但爸爸还在看足球比赛，当时着急的心情。一边是自己最爱的电视节目，一边是爸爸，怎样商量呢？这需要学生好好思考。这一情境的创设是否到位，将直接影响到商量的过程与效果。

四、丰富情境，营造氛围，多维实践

遵循学生认知特点设计交际活动，从书本走向生活。对于不同的人，不同的事情，会有不同的商量方法，通过创设三个真实的情境，让学生走进生活，互动交流，进行商量的实践活动。（见图5-21）

图5-21　创设的主题情境

此学习环节设计为游戏的形式。精选学生需要的，最具迁移运用价值的交际话题，选学生感兴趣的话题组织交际。通过游戏让学生明白与不同的人商量要注意运用不同的商量语气，让学生对三幅图的场景进行模拟练习，体会商量的实际作用，让学生从认识到运用到实践。学生从预设的三幅图的场景中随机抽出一个商量的场面进行四人小组交流。在商量的过程中，学生彬彬有礼，态度和谦，场面很热闹。经过前面的铺垫，学生对这次商量很有信心。教师可以成功地检测到学生交际的学习目标达成情况。

本次教学巧妙地创设一个个情境，从扶到放，最终，学生能够有条理地进行交际活动，学会与他人商量，效果良好。希望学生能将这种商量的能力运用到现实生活中去，也希望学生商量的能力在一次一次的真实情境口语交际中不断提升！

明确目标创设情境，以评促学

——二年级口语交际《商量》教学点评

唐彦怡老师执教的统编版教材二年级上册第五单元的口语交际内容《商

量》一课目标明确，紧扣目标创设情境，教学过程中注重以评促学。我们从明确目标、以评促学两个方面来评析。

一、钻研教材明确目标

1. 解读文本

口语交际课《商量》的学习重点是要用商量的语气，把自己的想法说清楚。教学中，教师注重目标分解，细化落实，循序渐进地提升交际能力。

2. 制定目标

《商量》一课有着明显的双向互动性，应抓住这一特点来安排教学，口语交际话题实现双向互动。本次口语交际可根据提示语知道什么是商量，创设联系生活的交际话题，结合书本中的"泡泡"，利用教材提供几个情境供学生学习怎样商量。

根据小提示，制定以下学习目标：

（1）根据情境，学会与人商量的时候，清楚表达自己的想法，做到态度真诚。

（2）在情境中，认真聆听别人的想法，并做出恰当的回应。

（3）学会商量的语气，有礼貌地进行交际。

学习重难点：要用商量的语气；把自己的想法说清楚。

唐老师在教学过程中，紧紧围绕上述学习目标，以学生的生活经验为基础，创设多个交际情境，学生在情境中联系已有的知识经验促进信息加工，通过具体角色的体验，真实地进行口语交际。因此，在口语交际中，要依据交际的目标去思考情境的创设，再现交际的语境。

二、层层引导以评促学

《商量》一课有着明显的双向互动性，应抓住这一特点来安排教学。在表演中，口语交际话题实现双向互动，不断地创设阶梯，给学生增加难度，逐步提升学生的交际素养。同时在学生交际的过程中，教师应充分发挥评价的导向作用。改进和完善学生形成积极的交际意识和良好的交际习惯。

1. 创设情境，激发兴趣

老师和大家商量一件事，好吗？我说"123"，你们回应我"我坐好"这样行吗？我们试一下。在生活中，我们经常需要和别人商量事情，通过商量，我们可以把事情做得更好。你平时有没有试过商量事情？和什么人商量什么？

评价指向：围绕目标评价，学生能初步认识"商量"是什么，说出平时和别人商量的事。

2. 师生示范，奠定基础

创设情境：陶陶遇到了烦恼，今天是他的生日，他想早一点回家，想找小丽调换值日的时间。

陶陶找谁商量？他们是怎样商量的？陶陶最后商量得怎么样？

除了跟其他同学商量还可以跟谁商量？示范和老师商量。

评价指向：围绕目标进行评价，交际过程中，学生能否用商量的语气把事情说清楚。例如，"可以吗""行吗"等。听的学生是否认真听，做出恰当的回应。例如，"我该怎么办呢？""虽然我不能帮助你，但是我建议你……""我还可以怎么做呢？""这样真的行吗？你能不能再考虑一下……"

3. 互动实践，展开交际

创设情境：

（1）向同学小文借的书没有看完，想再多借几天。

（2）最爱看的电视节目就要开始了，但爸爸正在看足球比赛。

面对不同的对象，还有没有更好的商量方式？

评价指向：围绕目标进行评价，学生用商量的语气，清楚地向不同对象表达自己的想法，听的学生能够认真倾听，积极做出回应。

4. 再设情境，回归生活

口语交际能力的构成是多方面的，训练更应是多维度的。口语交际的听说过程实际上反映的是一个综合的思维过程。

（1）抽取情境卡，了解交际内容。

（2）结合情境卡，进行交际训练。

评价指向：围绕目标进行评价，学生能积极参与交际实践，运用商量的技巧，愿意发表自己的见解。

总之，要扎实地开展口语交际教学，教师首先要明确每次口语交际的教学目标，关注课文前后的相互联系。课堂上教师要注重围绕目标创设情境让学生在具体的交际情境中承担有意义的交际任务，逐步提升口语交际素养。最后，教师还要注重及时评价，评价具有导向作用，不断鼓励学生在真实的交际情境中，开展口语交际。

设计与反思：广州市海珠区大元帅小学　唐彦怡

点评：广州市海珠区逸景第一小学　陈逸梨

四、课外阅读教学

《没头脑和不高兴》教学设计

【教材分析】

本次"快乐读书吧"推荐的是"读读童话故事"——《没头脑和不高兴》。这本书由七个小故事组成，分别是《没头脑和不高兴》《一个天才杂技演员》《奶奶的怪耳朵》《小妖精的咒语》等，语言亲切、自然、风趣、幽默，让人爱不释手，百读不厌。"快乐读书吧"由内容简介和提示语两部分组成。其中，简介部分设置了很多悬念，比如没头脑、不高兴是怎么突然变成大人的？他们都闹了哪些笑话？他们为什么会下决心改正自己的缺点？这些悬念能激发学生去阅读这个故事。提示语点名了本次快乐读书吧的教学要点，一是要认识书的封面，知道书名和作者。认识书的基本信息，可以引导学生拿到书时观察封面，说说自己会关注封面的哪些内容。二是让学生认识到爱护图书的重要性，初步养成爱护图书的好习惯。

【学情分析】

经过一年级一学年的字词积累和拼音学习、多次的课外阅读活动，学生拥有了一定的阅读能力。童话故事是二年级学生喜爱的文学体裁，但是，对于第一次阅读整本书的学生来说，这篇文章篇幅较长，生字较多，图画较少的故事书，需要较大的识字量和长时间持续阅读的毅力，因此，学生容易在阅读中产生畏难情绪。虽然学生们对书不陌生，但是书包括哪几个部分？如何在封面中获取信息？如何制订合适的阅读计划？大部分学生都不清楚。在这堂阅读指导课中除了扫掉以上知识盲点外还将创设各种学习情境，让学生们感受到《没头脑和不高兴》有着跌宕起伏的故事内容、幽默的语言、生动的情节、性格鲜明的主人公，能提高阅读兴趣，让整本书阅读活动顺利开展。

【教学目标】

（1）认识书的结构，通过观察能读出封面包含的书名、作者、出版社等基本信息。

（2）能有爱护书的意识，对所阅读的书感兴趣，感受课外阅读的快乐。

（3）在大人的帮助下，学会制订简单的阅读计划。

【教学重难点】

（1）教学重点：通过观察能读出封面包含的书名、作者、出版社等基本信息。

（2）教学难点：在大人的帮助下，学会制订简单的阅读计划。

【课时安排】

一课时。

【教学过程】

板块一：了解"快乐读书吧"内容，激趣导入（见表5-23）

表5-23　导入"快乐读书吧"主题表

学生活动	教师活动	学习评价
听小书虫读"快乐读书吧"	播放小书虫录音	根据学生状态，观察是否对上课内容产生兴趣
设计意图：兴趣是最好的老师，通过小书虫对"快乐读书吧"的介绍，不仅让学生大致了解本课要认识的书，还营造了轻松愉快的氛围，激发学生学习探索的欲望以及课外阅读的兴趣，为下一环节的教学做铺垫		

板块二：认识书，观察封面（见表5-24）

表5-24　观察并思考《没头脑和不高兴》的特点表

学生活动	教师活动	学习评价
1.说说自己对书的了解。 2.听老师补充介绍，认识书的结构。 3.闻书香，向书本打招呼。	1.提问：一本书是由很多部分组成的，你知道每一部分的名称吗？ 2.根据回答补充介绍书的基本构成。 3.老师示范闻书香，向书打招呼。	1.根据互动情况了解学生对书的认识。 2.根据聆听状态，判断学习效果。 3.有想继续了解书的兴趣。

续 表

学生活动	教师活动	学习评价
4. 仔细观察书，比较《没头脑和不高兴》和图画书的不同之处。 5. 听老师介绍这本书的特点。 6. 观察封面，同桌交流获取的封面信息。 7. 学生汇报获取的信息	4. 提问，引导发现《没头脑和不高兴》这类纯文字的书和图画书的不同。 5. 归纳小结《没头脑和不高兴》这本书的特点。 6. 引导学生观察封面，将心得与同桌分享，老师巡视指导。 7. 小结点拨，介绍相关知识	4. 能够从字数、厚薄、篇幅、图画数量等方面区分纯文字书籍和图画书的不同。 5. 能粗略感知童话故事合集这类书籍的特点。 6. 能向同桌说出观察到的封面信息。 7. 能汇报出观察到的封面信息，并了解相关知识
设计意图：通过触摸、翻页、比较、观察封面等方式让学生全方位了解书的结构并获取相关信息		

板块三：了解本书没头脑部分内容，激发阅读兴趣（见表5–25）

表5–25 对书中"没头脑"人物分析表

学生活动	教师活动	学习评价
1. 学生自由读文中介绍没头脑绰号的由来的部分。 2. 说说"打折扣""缺零头"的意思。 3. 想象猜测没头脑会做哪些丢三落四的事。 4. 听老师读文，了解书中描写没头脑丢三落四的片段。 5. 欣赏动画片段，了解动画片中描写没头脑丢三落四的片段	1. 向学生介绍故事主人公没头脑。 2. 学法指导：当遇到书中其他不懂的地方、不理解的词语，你们会怎么做？（问别人、问老师、猜一猜、查字典）。 3. 小结点拨。 4. 老师读文。 5. 质疑，激发学生阅读整个故事的兴趣	1. 能够粗略感知没头脑的人物形象。 2. 理解"打折扣""缺零头"的意思。 3. 能够联系生活实际想象没头脑做的丢三落四的事情。 4. 对没头脑有个大概的印象，并对阅读整本书产生兴趣
设计意图：通过对没头脑在书中的介绍了解没头脑的意思。通过有趣的猜想、听老师绘声绘色地讲故事片段、看动画故事片段多种手段激发学生阅读整个故事的兴趣		

板块四：学习制定阅读计划表（见表5-26）

表5-26　学习制定阅读计划表

学生活动	教师活动	学习评价
1. 看目录中其他篇目故事名，说说从题目中想知道什么。 2. 学生设计《阅读计划表》。 3. 汇报交流阅读计划。 4. 了解共读争章活动	1. 指导学生阅读目录，并提问：看了目录中的故事名，你想知道些什么。 2. 指导学生设计并填写《阅读计划表》。 3. 小结点拨。 4. 布置共读争章活动	1. 对阅读整本书的兴趣越来越浓。 2. 能根据自己的生活实际设计计划表。 3. 能根据自己的生活实际汇报计划。 4. 对共读争章活动产生兴趣
设计意图：二年级学生初次接触全班共读一本书，不仅需要持之以恒的耐心，还需要合理的计划保证实施。这个阅读计划表落实到个人、落实到每天，让学生有计划、有目的地阅读		

板书设计：

没头脑和不高兴

没头脑图　　　　　　　　不高兴图

丢三落四　　　　　　　　?

《没头脑和不高兴》阅读计划表　　　班别：_____　姓名：_____　学号：_____

图5-22　《没头脑和不高兴》板书设计

《没头脑和不高兴》阅读指导课教学反思

对于二年级的学生来说，向他们推荐阅读成本的书，激发他们的阅读兴趣和教给阅读成本书的方法是很重要的。在本课的教学中，我力求做到以下这些。

一、合理取舍，精化指导

新课标提倡"读好书，读整本的书"。厚厚的一本书对于二年级的学生要用一节课来进行阅读指导，面面俱到肯定是不可能的，势必要进行取舍。在自己读了书之后，我选取了最有代表性的《没头脑和不高兴》作为教学内容，把自己印象深刻的几个小故事或几个情节罗列出来，再进行取舍。选取了一些生动有趣的，富有悬念的，或有教育意义的故事情节，从重点和趣味性着手，指引学生把握整本书的主要内容。

二、创设情境，激发兴趣

兴趣是最好的老师。为了激发学生的阅读兴趣，我利用一切可以利用的教学资源，采用尽可能多的教学手段，让学生从不同方面感受这本书的精彩。

（1）我指导学生从书的封面读起。这本书的题目就很吸引人，我让学生根据题目想象、猜测故事内容，然后讲故事，如果想象的与书中不同，学生会有意外的惊喜；如果想象的与书中写的一样，学生又会有不谋而合的喜悦。这样的导读深深地吸引着学生。

（2）我让学生观看了《没头脑和不高兴》动画片中的一部分，学生很感兴趣，看完后，我适时引导："动画片好看吗？书上写得比动画片有趣多了。"学生一下子有了阅读的愿望。

（3）这本书中的故事目录也非常有特点，像《当心你自己身上的小妖精》《奶奶的怪耳朵》《小小小从大大大的脚板里拔出来一棵大树》等。我通过让学生读目录，从文字中想象、猜测故事内容或大胆质疑，勾起了学生的阅读兴趣，很多学生已经等不及要看书了。

三、方法指导，引领阅读

在指导阅读中，我随着学生的节拍，适时适当地给予他们阅读方法的指导，把课堂上学到的课外阅读方法由篇的阅读迁移到整本书的阅读，把学生的阅读兴趣由篇的阅读迁移了整本书的阅读，起到了由点及面、抛砖引玉的作用。我在课堂上首先鼓励学生敢于和善于质疑问难。比如："读一下题目，读后有什么疑问吗？""带着疑问去读这一故事，肯定更有收获。"中国古人说：学贵有疑。小疑则小进，大疑则大进。要培养学生善于从无疑处生疑，从看似平常处见奇，这是发现问题的起点。其次，鼓励学生边读边想象。文章出现在学生眼前的仅仅是一行行文字。如果不展开想象，不懂得进行再创造，那么出现在头脑中的可能只是词语所代表的抽象概念，而无表象组成的生动画面。在推荐阅读中，我努力培养学生的想象力，例如："充分发挥你的想象，透过这个标题，想象一下这个故事能讲什么？你仿佛看到了什么？""发挥你们的想象，没头脑还会做哪些没头脑的事情呢？"另外，我还指导学生想象要合理，阅读中遇到不认识的字可以查字典，问他人等。最后，把平时学习课文所学到的方法运用到课外阅读中，留下时间让学生自读，并让学生交流自己的所获，体现阅读带给自己的乐趣与成功。然后在奖励中听故事，同时留下结尾让学生想办法，提高学生查找资料的能力，也再一次激起学生读书的欲望。在拓展延伸中，引导学生运用本节课所学的方法进行阅读，并强调课外书需在什么时间进行阅读才是最佳的。

能够激发学生主动阅读的兴趣，我的教学就成功了一大半。今后我会继续向学生们推荐更多更好的课外书籍，让学生在书籍中快乐成长。

树立三种意识，突出课型特点
——《没头脑和不高兴》课外阅读推荐课评课

"课外阅读"一直是语文教学中的一个热门话题，课外阅读指导课的形式可谓多种多样，如有阅读推荐课、方法指导课、阅读欣赏课、分享交流课等。一节有效、有趣的课外阅读指导课，对激发学生阅读兴趣，培养学生语文素养有着不可替代的作用。在"教—学—评一致性"的理念的指引下，课外阅读项目组的教师们也对这类课型进行了积极的研讨，下面以彭老师的这节课为例，谈谈我的看法。

一、有指导意识，制订明确具体的学习目标

学习目标在"教—学—评一致性"教学方案的设计中处于核心地位，是否制订出清晰、明确的学习目标，决定着教师能否有效开展教学活动以及教学质量的高低，也是实现"教—学—评一致性"最为关键的一步。通常要在解读教材、

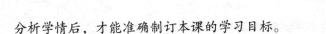

分析学情后，才能准确制订本课的学习目标。

《语文课程标准》是我们拟定目标的指南针，在新课标中，对低年段儿童阅读的要求多次提到了"喜欢阅读""乐趣""兴趣"的字眼，倡导的是一种非功利、无压力的阅读。因此，对于低年级儿童课外阅读指导课来说，最重要的目标其实只有一个，那就是激发学生阅读图书的兴趣。在这堂课中，彭老师能以此为依据，紧紧抓住这条主线进行教学设计。

同时在解读教材时，彭老师也关注到了书内插图中"学习伙伴的对话"，其实就是本节课的目标导向。在这个部分提示了学生阅读的方法："读一本书要关注的基本信息，还教育学生要养成爱护书籍的好习惯。"

虽然孩子们对书不陌生，在幼儿园甚至更早的时候就开始接触书了，但更多只停留在感性认识，一本书具体包括哪几个部分？如何从封面中获取信息？如何阅读目录？如何制订合适的阅读计划？对于学生来说都是新的知识点。这些增长点也都被彭老师关注到了。

基于以上的思考，彭老师在设定学习目标时，做到了清晰精准、可操作性强。《没头脑和不高兴》阅读推荐课的目标设定为：

（1）认识书的结构，通过观察能读出封面包含的书名、作者、出版社等基本信息。

（2）能有爱护书的意识，对所阅读的书感兴趣，感受课外阅读的快乐。

（3）在大人的帮助下，学会制订简单的阅读计划。

彭老师有较强的指导意识，能够基于课标，深入理解编者意图，分析教材和学情编写学习目标。目标表述清晰、具体，操作性强，改变了以往课外阅读指导课目标含糊不清，课型区分不明显，年段特点不明显的情况，为"教-学-评一致性"的实践，确立了正确的方向。

二、有参与意识，设计充满趣味的学习过程

俗话说，兴趣是最好的老师。只有学生对书籍有浓厚兴趣的时候，才能主动、自觉去阅读，才能真正融入课外阅读中。在教学过程的设计中，彭老师也秉承这一理念，大胆进行学习活动的设计。

1. 精选有趣的内容

在《没头脑和不高兴》的阅读指导课中，彭老师从教学内容的确定到教学

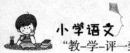
形式的选择，都注重了有趣二字。这个故事有几个很有趣味的地方，如绰号的由来、没头脑爬楼梯去看戏的部分、不高兴饰演打不死的老虎等几个片段，读来都令人捧腹。彭老师在深入读文本后，精选了这三处作为切入口，点燃学生的阅读兴趣。

2. 开展有趣的活动

彭老师的阅读推荐课《没头脑和不高兴》，一开始就让学生把书当成是朋友一样，跟书打招呼，摸摸书，闻闻书香，让孩子们亲近书，并充分运用了想象和猜测的策略，勾起学生好奇心，吸引学生去阅读文本。首先指导学生从这本书的题目猜测故事内容，接着出示两个人物的玩偶形象，让人物来到学生身边，顿时拉近了孩子们和书本的距离。接着，让孩子们去猜测人物名字，判断谁是没头脑，谁是不高兴。在引导学生读了目录之后，发现了一些很有趣的题目如：《当心你自己身上的小妖精》《奶奶的怪耳朵》《小小小从大大大的脚板里拔出来一棵大树》等，彭老师便引导学生从文字中去想象、猜测故事内容，一步一步激发了学生阅读书籍的欲望。彭老师还将动画片引入课堂，这是学生最喜闻乐见的形式，在看到最关键的时候，动画片戛然而止，彭老师适时引导："动画片好看吗？想知道后来没头脑看成戏了吗？大家下课赶紧去读读吧。"这使得学生阅读的愿望更强烈了。

激发学生的阅读兴趣是课外阅读指导课的核心目标，为确保这一目标导向的达成，彭老师有提高学生参与性的意识，采取了恰当的教学策略，精心设计步骤，步步指向"激趣"这一核心，对"教-学-评一致性"进行了大胆实践。

三、有优化意识，构建多元开放的学习评价

评价既是指在"教-学-评一致性"的课堂教学中的评价，又包括在课堂以外对学生阅读活动的评价。在"教-学-评一致性"的课堂中，评价任务十分重要，是对学生的学习活动进行反馈和矫正，以便改进学习的重要手段。而在课外应多采用发展性评价策略，提倡通过班级交流、学习成果展示、建立成长档案袋等方式，了解学生的阅读量和阅读面，进而考查其阅读的兴趣、习惯、品位、方法和能力。

1. 以评导学，注重过程性评价

美国教育评价专家斯塔弗尔比姆曾经指出："评价最重要的意图不是为了证明，而是为了改进。"在课堂教学中教师要注重对学生的学习过程进行评价，眼中有教案，心中更要有学生。教师要通过对课堂的仔细观察，对学生正确的表现进行肯定和表扬，对错误的信息进行纠正和点拨，对杂乱的学习信息进行梳理和重组，对词不达意的回答进行补充和提升，为经过点拨仍难达到目标的学生"搭个梯子"。

在《没头脑和不高兴》阅读指导课中，教师制定的最重要的一个学习目标就是，通过观察能读出封面包含的书名、作者、出版社等基本信息，认识书的基本结构。在完成这一目标时，教师先让学生自主观察封面，自由说观察到的内容。通过互动了解了学生的学情，发现学生对出版社是陌生的，就适当补充了相关的知识，出示了学生熟知的语文书、字典、绘本故事的封面，告诉他们，出版社就是书诞生的地方，不同出版社擅长出版的读物不一样，在购买儿童文学类书籍的时候，选择"少年儿童出版社"的书会更加适合。另外，有学生对封面上的那幅图产生了误解，认为镜子里的人是没头脑，镜子外的人是不高兴，彭老师没有立即纠正，而是采用生生评价的方式，让其他学生来指出他的问题，告诉他结果。最后，彭老师梳理了阅读封面的方法，可以从书名、作者、插图、出版社等方面开始了解一本书，找到相关的信息。在教学中，教师始终将过程性评价贯穿其中，以评促学，根据课堂实际适时调整教学，有效整合"教-学-评"，实现教学效果最大化。

2. 以评促学，实施发展性评价

发展性评价关注学生发展的全面性，注重学习过程，强调对学生发展全过程的不断关注，其根本目的是促进学生达到目标。低年级课外阅读教学的主要目标是激发学生的阅读兴趣，在评价时我们要以动态的发展性评价为主。比较常做的就是建立学生课外阅读成长档案袋，里面包括了阅读计划、阅读书目、阅读打卡、阅读摘抄、读书心得、他人评价等。

在《没头脑和不高兴》的教学中，教师的最后一个环节便是教学生制订读书计划，并在课后实施。根据低年级学生的特点，表格设计得便于操作，富有童趣。随着年级的升高，以后在评价项目上，除了记录所看书名、页数、时间

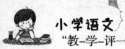

外，还可以设计阅读方式、阅读感受等。这些过程性的资料都是发展性评价的体现，极大促进了学生的课外阅读习惯的养成。可以说建构多元、开放的评价机制，对培养学生的课外阅读兴趣，提高学生的阅读素养，能够起到重要的促进作用。

"教-学-评一致性"是基础教育改革的前沿问题，实际指向的是有效教学。随着新课程改革的深入，课外阅读指导课越来越被教师们重视，但是长期存在着目标不明、方式单一、趣味不足的问题。彭老师在课外阅读指导课教学中，进行"教-学-评一致性"的探索，如一剂良药，为这类课型的有效开展提供了方向。沿着这条道路走下去，相信课外阅读指导课的教学之路会越走越宽阔！

设计与反思：广州市海珠区宝玉直实验小学　彭颖贤

点评：广州市海珠区宝玉直实验小学　唐春霞

第六章

小学语文二年级"教－学－评一致性"的
应用案例

　　基于《语文课程标准》的"教–学–评一致性"的研究关键在于将"教–学–评一致性"理论应用于日常教学，解决教学实践中的难题，帮助一线教师进一步理解课程标准，贯彻课程标准的理念和要求，提高课堂教学效率。本章以小学语文二年级中写字教学、阅读教学、写话教学和口语交际教学几个主要板块的研究为例，阐述了这一研究过程。通过具体案例的方式，体现在教学中实践"教–学–评一致性"的策略。

以标促评，以评导教

——从二年级"写字姿势、写字水平"专项调研报告思考写字教学的"教–学–评一致性"

林玉莹

一、问题的提出

写好规范字，是写字教学的基本要求。《义务教育语文课程标准（2011年版）》（以下简称《语文课程标准》）第一学段要求学生"努力养成良好的书写习惯"，"写字姿势正确""书写规范、端正、整洁"。《九年义务教育全日制小学写字教学指导纲要》的颁布，更是再次强调了写字教学的重要性。笔者对所在区域的二年级课堂教学进行了大量课堂观察，发现该区域二年级学生的书写姿势不达标现象比较严重，写字课堂教学指导不到位，课堂写字训练时间不足，教师对学生书写评价比较简单。为了解笔者所在区域二年级学生写字姿势表现以及写字水平，探索一套能综合评价学生写字情况的模式，全面促进落实写字教学目标，课题组选取区域内9所学校共18个自然班731名学生进行抽样调研。

二、调研对象（见表6-1）

表6-1 区域内9所学校，共18个班731名学生

学校基本情况	省一级	市一级	区一级
学校数	2	2	5
班级数	4	4	10
学生人数	173	153	405

三、调研方法及评价内容

（1）选取本学期第一到第六组课文"我会写"的生字40个，设计评价内容（见表6–2）。

表6–2　40个字的间架结构具体表现

结构	左右结构	上下结构	半包围	全包围	独体字
数量	21	7	5	2	5
百分比	52.5	17.5	12.5	2.5	12.5

（2）学生独立完成书写15分钟。中心组教师两人一组现场进行课堂观察，采用观察记录表（见附表），每5分钟记录学生的书写姿势表现情况。

（3）封卷，采用统一标准，对学生作品进行评价以及录入评价结果。

（4）对评价结果进行数据分析。

四、测评结果分析

写字专项测评从两个方面对学生进行写字评价。

（一）写字姿势

写字姿势从三个角度进行评价：执笔姿势；坐姿；维持时间。

教师在学生做好写字测评准备工作后，先提示学生正确的写字姿势，然后让学生独立完成书写任务。同时，教师进行课堂观察。每5分钟作为一个观察时间段，观察记录学生执笔姿势以及坐姿的表现情况。能够在不提醒的情况下，自觉维持正确"双姿"，才能算是基本养成了良好的书写习惯。

1. 执笔

本次对执笔姿势观察主要包括以下三个维度：掌心空，一关节（即手指离笔尖一关节的距离），臂八字（即双臂自然张开，成八字）。学生执笔情况见图6–1。

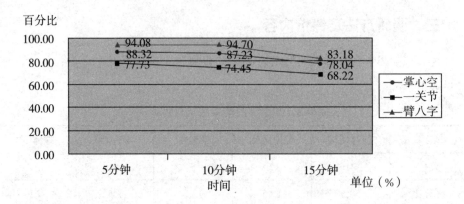

图6-1 执笔情况统计图

通过观察以及数据统计，得出以下结论：

（1）学生均知道正确的执笔姿势。

（2）在进行书写测评开始前，教师明确提醒写字"双姿"要求。三个评价项目中，做得最好的是"臂八字"，表现最差的是"一关节"。

（3）书写伊始，能做到双臂自然八字张开，平放桌面的学生占了测评人数的94.08%，情况较好。做到"掌心空"的占了测评人数的88.32%；捏笔太紧，拇指和食指关节弯曲，或者拇指包食指现象的有11.68%。执笔做到离笔尖"一关节"的占测评人数77.73%，有22.27%的学生出现执笔过高或者过低的现象，主要表现在过低。

（4）从图6-1可见，学生执笔姿势的三个维度保持情况随着时间推移均有下降趋势，平均降幅超10%。在最后一个时间段，做到"臂八字"的学生只有83.18%，下降10.9%；做到"掌心空"的学生只有78.04%，下降10.28%；做到"一关节"的学生只有68.22%，下降9.51%。

2. 坐姿

学生正确的坐姿应表现在：身正、腰直、脚放平。具体表现情况见图6-2。

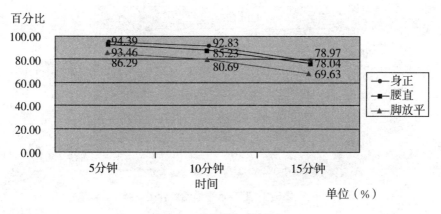

图6-2　坐姿情况统计图

结合课堂观察以及数据，得出以下结论：

（1）学生均知道正确的坐姿。

（2）书写伊始，分别有94.39%和93.46%的学生在"身正""腰直"达到要求。"脚放平"表现略差，只有86.29%的学生达标。

（3）书写过程，学生的坐姿保持情况同样有下降趋势。下降幅度均超过了15%。在最后一个时间段，做到"身正"的学生只有78.97%，下降15.42%；做到"腰直"的学生只有78.04%，下降15.42%；做到"脚放平"的学生只有69.63%，下降16.66%。

（二）写字水平

第一学段学生的写字要求是掌握汉字的基本笔画和常用的偏旁部首，能按笔顺规则用硬笔写字，注意间架结构，初步感受汉字的形体美，书写规范、端正、整洁。本次写字专项测评从四个角度对学生书写作品的水平进行评价：第一，大小；第二，笔画；第三，结构；第四，正确率。具体数据见图6-3、图6-4。

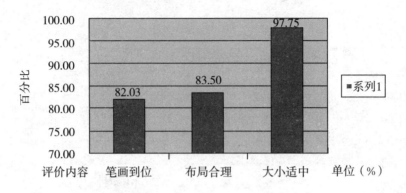

图6-3 写字水平表现统计图

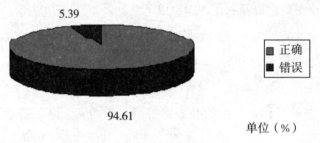

单位（%）

图6-4 书写正确率统计图

（1）学生基本掌握1~6组课文中要求"会写"的生字，书写正确率达94.61%。

（2）学生能借助田字格进行书写，大小适中。也有部分学生字体偏大。（见图6-5）

图6-5 学生借助田字格书写情况

（3）学生的书写在"笔画到位"评价中表现一般。有17.97%的生字书写笔画不到位。其中，以下生字书写笔画不到位的现象较普遍，见表6-3。

表6-3　书写"笔画不到位"字例统计表

字例	曲	四	国	如	意	思	远	琴	铅	身
人数	367	354	348	336	294	287	185	176	143	139
百分比	50.21	48.43	47.61	45.96	40.22	39.26	25.31	24.08	19.56	19.02

如图6-6中，"四"字，楷书字体第二笔是横折钩。学生书写笔画不到位具体表现在没有了钩。"曲""国"等生字书写也多存在这样的问题。

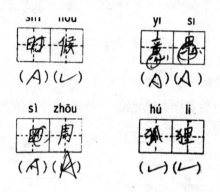

图6-6　学生书写笔画不到位

另外，要写好"曲""四""周"等生字，横折钩是这几个字的主笔，但是书写要求不一样。"曲""四"二字是"倒梯形"，折笔内收；"国"字是"长方形"，折笔要直，这样才能做到规范、端正。从学生作品发现，能达到书写要求的学生不多。

（4）学生的书写在"布局合理"评价中表现一般。有16.5%的生字书写布局不合理。其中，以下生字书写布局不合理的表现比较普遍。除了"闹"字为半包围结构，其余均是左右结构，占了左右结构选字的42.9%。见表6-4。

表6-4　书写"布局不合理"字例统计表

字例	操	钟	弹	时	歌	城	场	体	闹	饱
人数	227	224	223	187	182	173	157	151	148	147
百分比	31.05	30.64	30.51	25.58	24.90	23.67	21.48	20.66	20.25	20.11

在第一学段，学生学习汉字书写，主要以田字格为工具。通过田字格帮助学生观察笔画的位置，学习笔画的穿插布局。但有一部分学生没有充分利用田字格进行合理布局。如图6-7可见，该学生的书写都居于田字格的下半格。

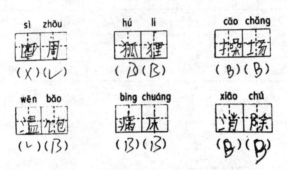

图6-7　学生在田字格书写中存在的问题

又如图6-8中的"操"字，通过和例字的对比，我们可发现，学生书写右部的"品"字太大，应居于横中线之上，才能留出足够的位置书写木字底。

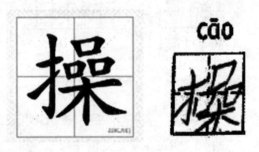

图6-8　学生书写的"操"字与例字的对比

五、测评结果小结

（1）从本次测评结果可见，笔者所在区域的二年级学生在上学期，对要求"会写"的字，书写基本正确。

（2）学生基本能够在15分钟以内完成20个词语（40个生字）的书写，书写速度达到二年级的水平。个别学校学生书写速度更快，不用10分钟就完成了全部生字的书写。

（3）有90%以上的学生知道正确的写字姿势，但是只有约60%的学生能够在15分钟内自觉保持正确的写字姿势。学生的正确"双姿"还未能形成习惯，自觉保持。

（4）执笔和坐姿表现互相影响；"双姿"表现对书写水平有一定影响。因为执笔不当，导致坐姿逐渐改变。执笔姿势不达标的现象比坐姿不达标的现象严重。学生不正确的执笔姿势，主要表现在执笔太低，手指太靠近笔尖，导致头偏，向左倾斜；执笔太紧，掌心不空，导致手指关节弯曲，书写费力。不当的执笔姿势导致执笔不灵活，书写笔画僵硬，容易疲劳。

（5）学生书写正确率较高，但是书写水平表现一般。主要表现在笔画不到位和布局不合理两个方面。笔画不到位主要表现在笔画书写缺乏运笔的过程，行笔比较简单粗糙；没能掌握基本的书写技巧，如主笔不突出等。布局不合理主要表现在合体字的部件布局缺乏谦让、穿插，没有用好田字格练习书写。

六、测评结果讨论与教学建议

（一）正确认识写字教学在语文学科教学中的重要意义

《语文课程标准》对写字教学提出了明确而详细的要求："按照规范要求认真写好汉字是教学的基本要求，练字的过程也是学生性情、态度、审美趣味养成的过程。每个学段都要指导学生写好汉字。要求学生写字姿势正确，指导学生掌握基本的书写技能，养成良好的书写习惯，提高书写质量。"张田若先生认为"汉字书写教学是语文素质教育一项基本的实用技能训练。指导学生写好字有利于巩固和深化识字成果，促进书面表达能力的提高；有利于培养学生认真负责的学习态度和坚韧专注的人格品质；有利于促进学生智力的开发以及陶冶学生高雅纯净的审美趣味，激发对祖国语言文字的热爱之情"。作为语文教师，要正确认识写字教学在语文学科教学中的重要意义，明确写字教学的要求，才能从根本上转变教学观念，改进教学方法，提高教学技能，从而落实教学目标。

（二）抓紧教师书写技能培训，发挥教师在教学中的引领示范作用

《语文课程标准》高度重视写字教学，高度重视写字姿势与习惯的培养。但从日常课堂调研来看，目前笔者所在区域内语文学科教师自身的书写素养远远不能适应教学要求。主要表现在，教师缺乏基本的书法知识，不知道该如何引导学生读帖；教师书写技能较弱，示范引领作用不明显。因此，抓紧教师书

写技能培训工作，是目前提高写字教学效率的关键工作。

除此，教师在备课的时候，要加强读帖，从书写的角度去分析生字，明确新的书写要领，把握教学的重点和难点。秉持和学生一起学习的态度去学习书写，通过描红、临摹，加强练习，把每一课的生字写规范，笔画到位，布局合理优美，才能更好地起到引领示范的作用。

（三）第一学段写字教学要加强基本笔画、常用偏旁、基本字的书写教学，加强读帖能力的培养

《语文课程标准》在"评价建议"中明确指出，第一学段要关注学生写好基本笔画、基本结构和基本字，核心要求是：汉字的基本笔画、常用的偏旁部首、能按笔顺规则写、注意间架结构的美。因此，在写字教学中，教师要重视这些基本知识的学习和练习。比如笔画的运笔过程，基本字的结构特点，偏旁部首中笔画的变化，等等。与此同时，引导学生学会观察，学习读帖，从而逐步掌握写字的基本方法。

从本次写字测评结果来看，学生的书写并没能达到教学要求。因此，在二年级的写字教学中，教师应适当地带领学生先回顾重点笔画以及偏旁的书写要领，再练习书写新的生字，以逐步提高学生的书写水平。见图6-9。

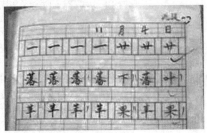

图6-9　海珠区南武实验小学二年级徐超老师执教班学生作品

（四）建立多元写字教学评价模式，加强过程性评价

以往的纸笔测试，难以做到对写字姿势、写字习惯的评价。这种情况也导致了一段时间以来，在教学中，教师只关注学生书写对与错的评价，而忽略写字姿势的训练和书写习惯的培养。因此，本学期二年级在日常的形成性评价中，都设计了写字专项评价，力求引导教师将定性评价和定量评价相结合，通过纸笔测试以及课堂观察等多种手段的结合，全面地反映学生书写的学习状态

和水平，从而促进写字教学的良性发展。

关注学生的写字姿势、写字习惯，要求教师在日常课堂教学中，就要关注写字的学习过程。在日常听课调研中，仍发现很多教师把生字的书写练习放到课外去完成，或者依赖家长去进行督促，这样就不能具体了解每个学生写字姿势以及写字习惯养成中出现的问题，比如学生正确"双姿"维持时间等等。如此放任自流，久而久之，学生不良习惯一旦形成，就很难纠正。因此教师应在课堂教学中落实写字教学任务，给予足够的时间让学生练习写字。

新课程倡导的评价理念除了立足于过程，评价体系也要建立在以符合儿童身心发展规律的"发展功能"上，应该体现多元化、科学化，建议教师建立示范激励评价，增加面批机会，巧用批语，树立学生写好字的信心，在学生中多开展自评互评，从汉字的关键笔画、间架结构中体会汉字的美，从而提升品位，让写字过程真正成为学生性情、态度、审美趣味养成的过程。

（五）第一学段写字教学中，写字姿势的规范教学尤为重要

良好的书写习惯，不仅影响学生的书写水平，更影响学生的身心发育。培养良好的书写习惯，正确的"双姿"教学是首要任务，也是第一学段写字教学的重要任务。通过大量的课堂观察发现，在课堂教学中，教师均有提示学生正确的写字姿势和坐姿，有关注训练良好写字姿势的意识。学生对执笔姿势和坐姿小儿歌也朗朗上口，熟练背诵，但是却没能付诸实践。到了二年级上学期，书写姿势的训练主要是对没达标的学生进行矫正。但是在课堂教学中，教师并没能够切实做好写字姿势的矫正工作，往往只是提醒却没有检查落实。

第一学段的学生，年龄小，可塑性强，教师应抓住此关键时段，持之以恒地切实做好正确的写字姿势的引导工作。例如，写字前正确写字姿势的提醒，先做好姿势，同桌互相检查督促，再动笔写字。根据本班学生写字姿势维持时间，适当地在写字中途再次提醒学生写字姿势。如图6-10所示，该校学生独立书写从开始到第二个时间段（10分钟）大部分基本能维持正确的写字姿势，但是10分钟以后，大部分学生的执笔姿势出现明显偏差。该校教师就要在书写七八分钟后适当再次提醒学生端正书写姿势，然后再继续练习书写。逐渐强化学生的意识，慢慢延迟提醒的时间，直至能达到自觉维持良好姿势的水平要求。

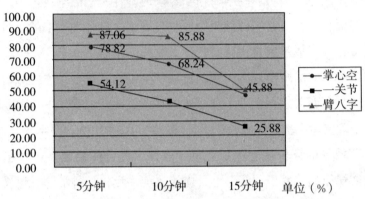

图6-10 k校执笔姿势情况统计图

综上所述，通过本次专项调研，笔者认为该区域二年级写字教学落实本学段的教学目标仍有一定距离，希望学校以及教师能够针对本次调研所发现的问题，对本校本班具体情况做出细致具体的反思，提出可行性建议，在新的学期改进课堂教学，更好地完成写字教学要求。

附：

表6-5 学生写字姿势观察记录表

学校_____ 班级_____ 评价人_____

时间	5分钟						10分钟						15分钟					
内容 学生	掌心空	一关节	臂八字	身正	腰直	脚放平	掌心空	一关节	臂八字	身正	腰直	脚放平	掌心空	一关节	臂八字	身正	腰直	脚放平
1																		
2																		
3																		

续　表

时间 内容 学生	5分钟						10分钟						15分钟					
	掌心空	一关节	臂八字	身正	腰直	脚放平	掌心空	一关节	臂八字	身正	腰直	脚放平	掌心空	一关节	臂八字	身正	腰直	脚放平
4																		
5																		
6																		
7																		
8																		
9																		
10																		
11																		
12																		

填写提示：请在时间段内观察学生表现，在不符合现象的对应格子中打
"×"。

目标先行，学评合一

——以《枫树上的喜鹊》为例，浅谈二年级统编教材阅读教学中"教–学–评一致性"

杨璐怡

从2017学年开始，全国小学语文学科推行使用统编教材。全国小语会会长陈先云先生多次在统编教材培训中提到，教师要在实施统编教材的过程中加强六个意识，即国家意识、目标意识、文体意识、读书意识、主体意识、科研意识。在实际教学中，一线教师如何让这"六个意识"更好地落地，结合到每一篇课文的教学中？下面，笔者以二年级下册《枫树上的喜鹊》为例，重点着眼目标意识与主体意识，阐述如何进行这一课的教学设计。

一、深入解读，定准目标

教学是教与学的双向互动，在此基础上理解的教学目标，应该既是教师教的目标，也是学生学的目标。教学目标是教学的灵魂和归宿，拿到一篇课文，教师应有以学生为主体的意识，首先思考"学生要学什么"，从而确定"我要教什么"，继而思考"学生怎么教"，由此确定"我要怎么教"。有关教学目标的功能，皮连生在《学与教的心理学》一书中提道："教学目标在教学和教学设计中的作用概括为导教、导学和测评三种功能。""一旦教学目标确定后，教学设计这就可以根据教学目标选择适当的教学过程和方法。"由此可见，准确制定教学目标，是开展有效教学的首要任务。

（一）从单元整体入手寻找目标

"双线组元"，是统编教材编排的一大特色。《枫树上的喜鹊》所在的第四单元，围绕想象展开。这篇课文以儿童的口吻，讲述了自己对渡口旁枫树上的一窝喜鹊的喜爱之情。在文中，"我"喜欢枫树，喜欢枫树上的喜鹊窝，更喜欢里面的喜鹊一家，"我"每天都去看它们，都把它们当自己的阿姨和弟弟了，"我"还能"听懂"它们的话，可见，我是有多喜欢它们。文中对喜鹊一家生活场景的想象，是这篇文章最为精彩的部分，也是这篇课文学习的重难点。

本单元的另外几篇课文，有《彩色的梦》《沙滩上的童话》《我是一只小虫子》，都是围绕儿童生活，充满了丰富有趣的想象。本单元的"语文园地"中的"写话"也是承接着阅读教学的想象主题开展的。因此，如何引导学生读懂文中的想象，学习想象的方法，尝试大胆展开想象进行仿说及创作，将是本单元在语言学习上面的一个重要的目标。

（二）从习题入手确定目标

1. 与单元主题结合的课后题

明确了单元的目标，教师还应该从课后题中找准每一课的目标。梳理本单元几篇课文的课后题，与单元主题想象有关的课后题如下：

《彩色的梦》第二题：你想用彩色铅笔画些什么？试着仿照第二小节或第三小节，把想到的内容用几句话写下来。

《枫树上的喜鹊》第二题：看到下面的情境，你会想到什么，试着写下来。

《沙滩上的童话》第二题：根据开头编故事，试着用上下面的词语。

《我是一只小虫子》第一题：小虫子的生活有意思吗？和同学交流你感兴趣的部分。

通过列举以上的课后题可以发现，每篇课文在想象方面的训练是各有侧重的。《枫树上的喜鹊》一课，作者的想象是由一定的情境所生发的，他看到喜鹊妈妈"鹊鹊鹊"——喜鹊弟弟也跟着"鹊鹊鹊"，由此想象出喜鹊妈妈是在教喜鹊弟弟学拼音；他看到太阳从山岗上升起来，与此同时听到喜鹊们又在"鹊鹊鹊"，他想象到喜鹊一家也正在交流日出的美景。作者还通过不同的标点，既写出了喜鹊叫声的停顿、高低起伏，也把标点与情境相结合，是非常巧妙的想象。

综合以上的解读，便可以得出这一课的教学目标之一为：根据特定的情境及不同的标点符号，展开合理的想象，把自己想到的内容写下来。

2. 本课的课后题解读

除了想象这一紧扣单元主题的目标以外，课后的其他习题还从不同的能力训练点，提示了这篇课文的教学目标。

第一题：默读课文。文中反复说"我喜欢"，说说我喜欢的是什么。

默读课文的阅读能力训练，从二年级上册开始提出，到二年级下册，学生已经了解了默读的方法，但是作为一种阅读能力，是需要不断练习巩固的。因此，题目中的默读课文，既是手段，也是目标。

"说说'我'喜欢的是什么"。要达到这个要求，学生需要经历怎样的思维过程呢？——首先提取信息，找出文中带有"我喜欢"的句子，然后联系上下文，体会"我喜欢的到底是什么"。

因此，根据课后第一题，可以制订以下的教学目标：继续学习默读课文，找出"我喜欢"的是什么。

3. 课后题之间的联系

每篇课文的课后题，看似独立，其实它们存在一定的逻辑联系，它能体现学生阅读能力的递进。

回顾本课的第一题与第二题，它们之间有着怎样的关联？学生要完成课后第二题，能够在新的情境中也像作者那样发挥想象说话，那么他们必须先有理解文中想象的基础，能感受到文中丰富有趣的想象，能感受到"我"对喜鹊一家的喜爱之情，才能为自己的想象做铺垫。这些理解与感受从何而来？从朗读课文中而来。朗读是语文学习的重要途径，特别对于第一学段的学生来说，书声琅琅的课堂才能把学生带入课文的情境中，感悟语言文字的美妙。二年级下册的朗读指导要求是：结合人物语言要表达和强调的重点，读出重音。这样的训练从第一单元《找春天》以及《语文园地一》的"字词句运用"中就有所体现。与前文提到的默读一样，这项能力是需要不断练习巩固的，绝不仅仅在第一单元或某篇课文的课后题中出现了才进行。因此，结合这篇课文的内容与情境，有关朗读能力的目标，可以设定为："继续练习重音和语气的朗读，表达'我'的喜爱之情。"

综上所述，除了常规的字词目标外，本课的教学目标可以定为以下几点：

第一，继续学习默读课文，找出"我喜欢"的是什么。

第二，继续练习重音和语气的朗读，表达"我"的喜爱之情。

第三，能读懂文中的想象，学习想象及表达的方法，尝试根据一定的情境想象喜鹊一家的对话，进行仿说及创作。

二、围绕教学目标，选择学习方式

教学目标制订后，教师们依然要从"以学生为主体"的角度去思考：要达成教学目标，学生要经历怎样的思维过程？选择怎样的方式才能适合学生的思维特点，让学生的思维能力得到训练和提高？低年段学生仍然是形象思维占主导，在这篇课文中，从"找到喜欢的句子"到说出"'我'喜欢的是什么"，继而体会喜爱之情，再进一步去拓展仿说仿写。学生的思维必须经历"表层文字—意义内涵—思想情感—内化运用"这样不断上升的思维水平，是"形象—抽象"的逐层递进。因此，教学这篇课文，教师们可以采取"默读—画句""默读—说句""想象—读句""体会—写句"这样的学习方式，一步步地引导学生走进课文的情境，走进作者的内心；再走到自己补充的情境，走进自己的内心，从而达成上文总结的三个目标。

在不同板块的教学过程中，教师还可以组织多种形式的学习活动，力求调动学生的积极性，让更多的学生参与课堂，成为学习的主人。例如在初读的板块，有两个难读的句子需要教师特别关注的：一个是"第三自然段：上个星期天早上，我正要撑着渡船到对岸的树林里去打柴，发现喜鹊阿姨的鸟窝里有六只小喜鹊。"另一个是"第九自然段：今天早上，太阳从渡口对岸山冈后面升上来，我看见喜鹊阿姨站在窝边，指着上升的太阳，问喜鹊弟弟："鹊！鹊鹊鹊？"两个难读句子的指导应该各有侧重，第一句，重在指导读好长句的停顿，第二句则重在指导……基于这样的目标，教师可以选择自读、同桌互助、教师示范、指名检测等方式，确保大部分学生能得到指导，提升目标的达成度。在精读想象板块，教师可以通过激趣，师生共同进入对话的情境，教师当喜鹊妈妈，学生当喜鹊宝宝，反复诵读，边读边引导学生想象"刚刚，妈妈教你说的是什么？"从课文中的汉语拼音a、o、e，到数字1、2、3，还可以拓展到A、B、C，爸爸妈妈哥哥等牙牙学语的情境想象中，既理解了课文的内容，又丰富了对话的情境，激发了想象，为学习第二次想象及自主创作的想象奠定基础。

三、根据教学目标，设计评价方式

"教-学-评"是教学的完整过程，"教-学-评一致性"更是有效课堂教学的保证。因此，每一篇课文的教学设计，都不能忽略评价方式。这里的评价，绝不仅仅是教师对学生回答问题正误的判断，也不是教师事先设计好的评价语，而是要思考：以怎样的方式检测学生是否达到某个教学目标。因此，教师在设计教学中，必须清晰每一个板块的目标是什么，以板块推进整体教学目标的达成。对应每一个板块，选择合适的评价方式检测目标的达成情况。

依然以"读长句"为例，正确认读字词是读长句的基础，读好停顿又有助于对长句的理解，因此评价学生能否读好长句是初读板块的主要评价内容，选择同桌检测、指名读、齐读的方式尽可能让更多的学生参与评价。在仿说仿写的板块，教师可以从"想象丰富有趣、语句通顺流利、标点使用正确"这三方面先示范评价，再让学生同桌或小组互评。

总之，评价的方式可以多样，但其目的是为了检测学生在这一板块的学习是否达成了目标。

俗话说"一理通，百理明"，无论是哪篇课文的设计，教师都要牢记目标意识，从单元整体入手，通过课后题及语文园地的线索制定目标；还要加强主体意识，从学生学习的角度选择学习方式和评价方式，努力做到"教-学-评一致性"，从而使教学更有效。

准确理解编者意图，定准写话教学目标

——以二年级下册《语文园地四·写话》教学为例，浅谈写话教学中 "教–学–评一致性"

邓丹玫

唐晓勇在《新时代教师需要重构学习观》一文中指出，在传统的学习中，我们很容易把 "知识" 理解为教材上的知识点。聚焦教材学习，以教材知识为考试内容，一直占主导地位。作为教师，应该做的是学习设计，把学习者置于中心位置。我们需要改变以知识点和学习活动为导向的教学设计，应该以 "要学生从课程中学到什么" 为出发点，从学习的终点目标出发，进行教学设计。这就是基于 "目标第一" 的 "逆向教学设计"。这个观点与海珠区教育发展中心林玉莹老师主持的课题《基于〈标准〉的小学二年级语文 "教–学–评一致性" 策略研究》的理念是完全一致的。

"教什么" 比 "怎样教" 更重要。教什么，学什么，（评价）学得怎么样，这些问题都是围绕一个起点的，这便是教学目标的确立。但是在实际实施过程中，教学目标的确立与 "教–学–评的一致性" 却往往存在偏差。现以海珠区实验小学的成梦佳老师执教的二年级下册《语文园地四·写话》为例，回溯本课教学目标的制订过程，谈谈如何制订教学目标，然后围绕教学目标，设计学与教的活动以及学习评价，实现 "教–学–评一致性"。

一、定标与定能

美国著名的教学设计研究专家马杰说："假如你对要去的目的地不清楚的话，你很可能会抵达另一个地点，而且还不知道走错了目的地。" 为了定准本

课的目标，备课伊始，成老师先重温了第二学段的写话目标：

（1）对写话有兴趣，写自己想说的话。（写想象中的事物，写出自己对周围事物的认识和感想）

（2）在写话中乐于运用阅读和生活中学到的词语。

（3）学习使用逗号、句号、问号、感叹号。

明确了学段目标后，成老师便开始思考对应的写作能力。林可夫在《基础写作概论》中把写作过程和写作能力划分为"摄取-构思-表述"三个环节和观察能力、采集能力；感受能力、想象能力、开合能力、思索能力；结构能力、语言能力、修改能力这九个过程，见图6-11。

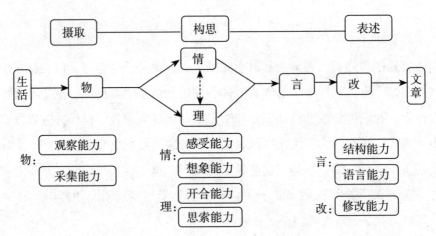

图6-11　林可夫写作能力结构图

根据年段写话目标，借鉴林可夫先生的写作能力分析，成老师确定了本学段重点训练的两种能力：观察能力和想象能力。最后，分析教材内容和学情。纵观全单元，都是在进行想象训练的，由阅读的内容想开去，到了写话，则是从图中想开去。

基于上述的分析与解读，成老师第一次制定的写话课教学目标如下：

（1）仔细观察图画，能把图意说完整。（指向观察能力）

（2）适当发挥想象，进行有个性化的表达。（指向想象能力）

（3）按时间顺序描写图画，表达有条理。（指向情意维度）

二、设想与思路

基于以上目标，成老师把教学重点定在了有趣和有序两个方面。同时，根据第一学段学生的心理特点和学习水平，设计了两个层次的练习：

一是由看图到练说。按一定顺序观察图画，并按一定顺序将观察所得说清楚，说具体。在有序方面，教师给予的脚手架是引导学生关注图中表示顺序的"小点点"，并鼓励用上表示时间的词语。而在指导说得有趣方面，则是着力引导学生联系自己的生活体验，准确使用表示动作的词语或形容词等。

二是由说到写。课堂上指导学生完成第一幅图的说写，鼓励学生大胆运用积累过的词语，把玩的过程写得生动有趣，接着练习由第一幅图过渡到第二幅图，用上表示时间的词语。

三、实施与改进

（一）实施与反思

成老师根据上述的思路，进行了第一次的写话课试教。

当成老师激趣导入，引导学生学会按顺序观察图画之后，重头戏就是板块三"细看图意，想象说写"。在这个环节中，成老师主要组织了以下的教学活动：

小昆虫们用蛋壳都做了哪些事情？咱们一幅幅仔细地来看。（看图练说）

1. 围绕第一幅图展开观察与说写

（1）师：早上，它们把鸡蛋壳做成跷跷板。小朋友们玩过跷跷板吧？跷跷板怎么玩的？比谁重？图中它们是怎么玩的？注意观察小虫子的眼神，它准备干吗？

（2）拿出写话纸，练写第一幅图。

2. 围绕第二幅图展开观察与说写

（1）过了一会儿，它们玩累了。此时的天气——天空万里无云，太阳大得很，它们头冒大汗，喘着大气。要不……上天吹吹风。于是，它们……

（2）一阵微风吹来，你联想到什么？（真凉快！把云朵吹来了。）在天上它们看到了什么？小朋友登过山，坐过摩天轮，站在高处，可能会看到……（　　）的（　　）（田野、树林、高山、城市……）。

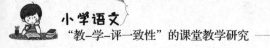
（3）拿出写话纸，练写第二幅图。

......

按照这样的流程上下来，初始一看，设计条理清晰，训练点突出。教师具体指导了学生把握住途中的小动物的神态动作、周围的环境变化等来进行说和写的练习。实践证明，一节课下来，学生也是有收获的。大部分学生都能跟随教师的步子进行思考与写话。写话的内容比较具体，能用上好词好句。但是学生想象力没有被打开，写话作品非常雷同，课堂气氛比较沉闷。

那么这节课的问题在哪里呢？还是回到原点上——教学目标是否已准确定位，不缺位，也不越位呢？只有教师充分理解课程标准，并基于课程标准准确、具体地制订教学目标，遵循"教-学-评一致性"的教学，学生的学习才有可能达成目标，从而促进学生的语文学习。

对照第一学段的目标，教师并没有提出要写得具体、生动、有趣，也没有明确指出要按一定顺序写目标。这些目标分别是什么时候才需要落实的呢？查阅《语文课程标准》便知晓答案——第二学段。由此可见，本课的目标定得高了，明显越位了。那么本次写话的主要目标达成了吗？编者在第一学段设计本次写话练习的目的是什么呢？这一节课在螺旋上升的写作训练当中承担着怎样的任务呢？值得好好地琢磨一下。

回头细想，第一次的教学目标涉及观察与想象，但是并没有把它作为重点的训练内容来落实。在教师多重框架、一问一答的引导下，学生的想象力不是被激发了，反而是被限制了，观察能力也没有得到提升。因此，试教时便出现了一批写得不错，但内容雷同的作品。

（二）改进与实践

基于以上解读，成老师修改了本课的教学目标：

（1）仔细观察图画，充分读图。

（2）打开想象的空间，大胆表达自己的想法，能将想到的内容写下来。

（3）能按时间顺序描写图画，表达有条理。

目标仍聚焦在写作的两种能力的培养上，一是观察能力，二是想象能力。至于写得怎么样，是否具体、生动、有趣，则不做具体要求。

目标确定之后，就是设计教与学的活动了。首先考虑学生怎样学，设计出写话前、中、后三个阶段的学习活动，然后思考教师在这三个阶段中应给予学生哪些方面的指导与帮助，继而设计出教师活动。最后，再考虑如何评价学生的目标达成情况，设计学习评价。具体过程见图6-12。

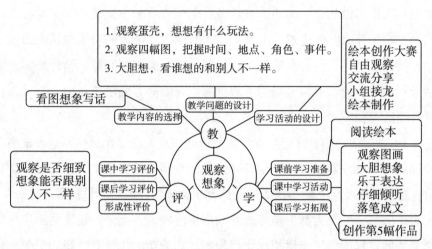

图6-12　写话内容目标解构图

把整个写话教学框架搭建出来后，成老师再次聚焦到本课，从设计创作绘本入手，到观察蛋壳想玩法，再到引导观察四幅图画，把握时间、地点、角色、事件，有趣好玩最重要。教师要做的就是引导学生观察图画，脑洞大开，只要和图画有关就行了。怎么做的？怎么来的？怎么玩的？起因、经过、结果都可以。在这个过程中，学生们学会观察多幅图画的方法，学会了大胆想象，大胆表达。学生活动与教师活动均围绕着目标中的培养观察能力和想象能力而开展。

评价的设计仍然围绕目标中想象这个中心词，评价重点放到接龙说那里：你想的和他想的一不一样？谁想得更生动、更有趣？你们更喜欢谁的故事？紧扣目标组织评价。

按照这样的设计上课，学生在趣味盎然的课堂中积极主动地观察、想象、表达，乐说乐写，出现了不少富有童趣与个性的作品。

四、反思与收获

（1）确定准确的教学目标是实现"教-学-评一致性"的首要环节。教学目标是教学的起点与归宿，是教学活动的核心，引领着教与学的活动。准确合理地定位教学目标，才能提高语文教学的实效，提升学生的语文素养。

（2）教学设计中始终要围绕教学目标开展教与学，以及评价活动，同时时刻关注每一个板块的目标达成情况。在掌握了写话的教学目标后，如何能用教材教呢？我们可以从学生的角度来思考，学生现有的书面表达水平与教学目标之间的差距是什么？学生现有的知识储备有哪些？原有的书面表达能力层次在哪里？要达成写话目标难在哪里？通过回答这一系列的问题，设计好学生的学习活动和学习评价，然后才是思考教师可以在哪些方面给予帮助与指导，从而设计教师活动。

（3）学习活动的设计应贴近学生的认知特点。在二年级的写话教学中，教师要找到一个触发器，帮助学生打开想象的空间。只要学生愿意说，那学生的语言在这过程中就会不断丰富。这就达到了第一学段的教学目标了。

写作的每一种能力都不是靠短时间训练落实的，而是在长期的循环往复、不断提质的过程中，逐步累积内化起来的。作为新时代教师，我们需要重构学习观，将目标定位于能力的培养，而不再是某个知识点的完成，这样才能使我们的课堂教学更加高效。

附1：

"童心"教学设计

【教材分析】

本次写话安排在二年级下册第四单元，本单元课文以"童心"为主题，内容充满了丰富的想象。本单元涉及的语文要素是"运用学到的词语把想象的内容写下来"，强调词语从积累到运用的过程，强调学生从想到感受再到写的过程。

纵观第四单元的教学内容，编者设计了多个练习引导学生展开想象。如：《彩色的梦》课后第二题，让学生边读边想象彩色铅笔画出的梦，再用自己的话说一说；《枫树上的喜鹊》课后第二题，利用情景，激发学生的想象，再让学生尝试将想到的画面写下来；《沙滩上的童话》课后第二题，根据开头创编故事；《语文园地四》中的字词句运用第一、二题和写话等内容，都围绕该要素展开。

此次"写话"呈现了4幅图，要求学生看图发挥想象，借助词语按时间顺序写话。教材为写话提供了3方面的内容：

（1）思路提示：小虫子、蚂蚁和蝴蝶用鸡蛋壳做了哪些事情？它们有什么有趣的经历？把它们一天的经历写下来。

（2）词语提示：教材列举了4个表示时间的词语，提示学生按时间顺序来写。

（3）借助图画提示内容：早上，小虫子、蚂蚁和蝴蝶把半个蛋壳做成了跷跷板，一起开心地玩；过了一会儿，它们乘着蛋壳做成的热气球飞上了天；到了下午，它们把蛋壳当作大伞来躲雨；天黑了，它们把蛋壳做成了一个舒适的摇篮。

【学情分析】

在二年级上册的写话练习中，学生学习了写话的格式：开头空两格，每个标点符号占一格；在上册第七单元的写话练习中，学生初步学习了发挥想象，编写故事，学生对想象编写故事并不陌生。

进入二年级下册，学生应在原有基础上充分想象；多写几句话；学会按顺序写。

在本单元中，学生已先后接触到不同层次的想象练习。本次写话的内容生动有趣，能激发学生的写话兴趣。但学生在观察图画方面仍需要一定的指导，否则读图将停留在表面层次上。学生可在教师的引导下，尝试联想画面外的内容。

二年级仍为写话的起步阶段，重点仍是激发学生写话的兴趣和表达的欲望。

【教学目标】

（1）仔细观察图画，充分读图，打开想象的空间。

（2）大胆表达自己的想法，能将想到的内容写下来。

（3）能按时间顺序描写图画，表达有条理。

（4）学习评价自己和他人的写话。

【教学时间】

两课时。

第一课时

【学习目标】

（1）仔细观察图画，打开想象的空间，充分读图。

（2）大胆发表自己的想法，能运用一些学过的词语将想到的内容写下来。

（3）能按时间顺序描写图画。

【教学重难点】

（1）教学重点：充分读图，打开想象的空间，大胆表达自己的想法。

（2）教学难点：大胆发表自己的想法，能运用一些学过的词语将想到的内容写下来。

【教学过程】

板块一：创设情境，激发童趣

表6-6 "看图写话"教学表

学生活动	教师活动	学习评价
1. 观看课件。 2. 仔细聆听，明确活动要求： ① 仔细观察图画，给每幅图画配上一段故事。 ② 比一比谁写得最有趣，谁将获得"明星小作家"称号	1. 联系学生阅读经验，创设情境，导入绘本创作大赛。 2. 讲清楚大赛规则，出示活动要求	
设计意图：利用学生熟悉的绘本，创设情境，激发学生写话创作的欲望和兴趣，而绘本创编的形式也将贯穿整节课堂		

板块二：仔细读图，感受童趣

表6-7 观察读图方法表

学生活动	教师活动	学习评价
1. 仔细观察，充分读图，自主发现每幅图的特别之处。（故事的主角、故事发生的时间顺序、地点变化等） 2. 自由汇报观察所得。 3. 聆听小结，明确观察多幅图的方法（要看清楚"谁在那里做什么"）	1. 出示绘本插图，提问：请仔细观察图画，你都发现了什么？ 2. 聆听汇报，相机点拨归纳、板书	能结合观察汇报自己的发现
设计意图：课本的插图富有童趣，但画面情节具有一定的跳跃性，先让学生充分读图，有助于对画面所表达的主要内容有一个整体性的了解。其间，渗透要按顺序看图		

板块三：发挥想象，说出童趣

表6-8 看图讲故事学习表

学生活动	教师活动	学习评价
1. 根据情境，通过观察图画，想象如果"我"是这几只小昆虫，发现这半个鸡蛋壳时会做些什么，说些什么呢？ 2. 发挥想象，四人小组按顺序接龙讲故事。每人主要讲一幅图。大家一边讲，一边互相补充，把这个故事讲完整。 3. 小组汇报交流。 讲的要求：把话说清楚，说完整。 听的要求：一边听，一边想，同学说的和自己想的是否一样，不一样的地方互相补充	1. 出示鸡蛋壳，创设情境。提出问题。 2. 巡视、组织学生进行小组内讲故事。 3. 与各小组互动点拨	能根据情境展开想象并汇报
设计意图：要让学生有话可说，有话可写，得先帮助学生打开想象空间。通过适当的提问，引导学生进行合理想象，使静止的画面尽量动起来，活起来，使单调的画面充实丰富起来		

板块四：提笔写话，表达童趣

表6-9 "随堂写话"要求表

学生活动	教师活动	学习评价
1. 明确创作要求。 2. 随堂写话。 （1）刚刚主要讲的是哪一幅，现在就写哪一幅图画。 （2）注意写字姿势。 3. 四人小组内互相交流、补充，连成完整的故事。 （1）接龙读，仔细听。 （2）互相交流、补充	1. 展示创作小贴士。 2. 巡视，重点关注写话有困难的学生，给予指导。 3. 巡视指导	巡视、聆听各小组接龙成文
设计意图：在充分读图、练说的基础上，学生写话的畏难情绪得以缓解，此时提笔写话更加水到渠成。而且每人主要写一幅图画，难度有所降低。写完后，小组内的交流也是一次互相学习的机会		

板块五：课后作业，回味童趣

（1）给绘本插图涂上颜色，继续编写剩下的故事。

（2）把绘本故事读给爸爸妈妈听。

板书设计：

写话

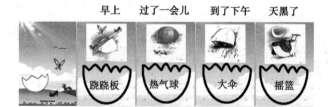

图6-13　"看图写话"板书设计

附2：

练习纸

写话纸

【小作家】＿＿＿＿＿＿＿

<table>
<tr><td></td><td></td><td></td><td></td><td></td><td></td><td></td><td></td><td></td><td></td></tr>
<tr><td></td><td></td><td></td><td></td><td></td><td></td><td></td><td></td><td></td><td></td></tr>
<tr><td></td><td></td><td></td><td></td><td></td><td></td><td></td><td></td><td></td><td></td></tr>
</table>

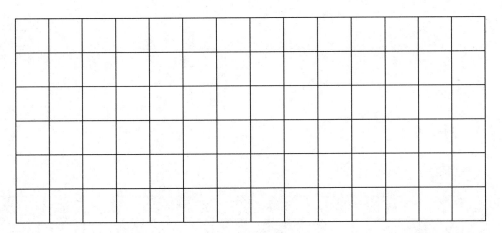

图6-14 "看图写话"练习（1）

 我获得了：☆☆☆☆☆

写话纸

【小作家】_____

图6-15 "看图写话"练习（2）

 我获得了：☆☆☆☆☆

写话纸

【小作家】_____

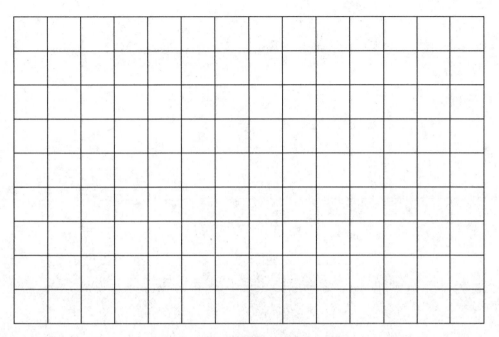

图6-16 "看图写话"练习（3）

我获得了：☆☆☆☆☆

写话纸

【小作家】_____

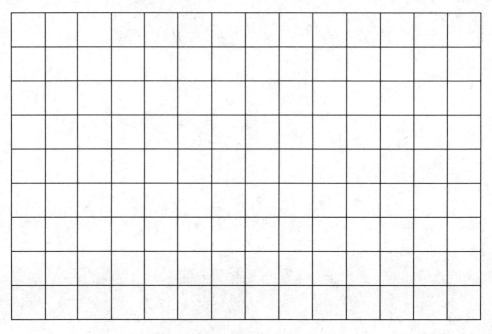

图6-17 "看图写话"练习（4）

我获得了：☆☆☆☆☆

第二课时

【学习目标】

（1）展示绘本作品，学习评价自己和他人的写话。

（2）发挥想象，联想鸡蛋壳的其他妙用，完成第五幅图的创作，丰富绘本内容。

【教学过程】

略。

设计：广州市海珠区实验小学　成梦佳

优化情境创设，落实评价导向

——以《注意说话的语气》为例，浅谈二年级统编教材口语交际的"教-学-评一致性"

陈逸梨

　　小学低年级的学生，是语言发育、表达能力塑造的最佳阶段，也是性格（胆量、自信、开朗程度等）和交际能力（与人协调、沟通和组织能力等）培养的最佳时期。"语言是思维的外壳"，加强儿童语言训练，有意识地强化学生的语言能力，让学生学说话、会说话。活跃的思维、开放和坦诚的态度、积极参与活动、乐观进取的精神，是学生成长必不可少的态度品质。

　　因此，统编版教材把口语交际课提到了比较重要的地位。口语交际课要想上得好，情境创设是重点，而引导学生在情境中交际起来是难点，也是关键点。下面，笔者以统编版教材二年级下册的口语交际《注意说话的语气》一课为例，浅谈口语交际课中，如何借助情境创设，以评价促学习，打开交际思路。

　　统编版教材二年级下册的《注意说话的语气》中，提示语揭示了交际的主题和交际的内容——说话的语气不要太生硬，避免使用命令的语气。再看内容提示：读句子，注意语气，体会有什么不同的效果。提示语揭示了听说的目标。根据教材的编排来确定学习的目标和设计重点。本课的教学目标应为：①与人交流时，懂得语气不同，会有不同的效果；②与人交流时，能注意说话的语气；③设计问题情境，引导与人交流时，注意说话的语气。设计重点是：①创设情境，激发表达兴趣；②在情境中，体会不同语气的表达效果。

　　统编教材中每一课的口语交际都有明晰的目标指向，每课的交际重点一目了然，对教师的教和学生的学起到了直接的指导作用。因此，在"口语交际"

中，要依据交际的目标去思考情境的创设，再现交际的语境。

一、优化情境创设

（一）优化《注意说话的语气》情境创设可以遵循以下原则

1. 诱发性原则

通过品读句子，揣摩不同的语气，激活学生的求知欲，促使学生为问题的解决形成一个合适的思维意向，从而收到最佳的教学效益。

2. 真实性原则

创设教学情境是模拟生活，使课堂教学更接近现实生活，使学生如身临其境，如见其人，如闻其声，加强感知，突出体验。教师可以用生动的语言描述创设情境或者表演创设情境。

3. 认知接近性原则

教学情境必须符合学生的认知水平和他们的生活实际。教师创设的问题情境要来源于学生熟悉的生活，问题深度要稍高于学习者原有的知识经验水平，使学生需要经过努力思考，也就是我们常说的摘果子时，需"跳一跳，够得着"。教师可以在情境中转换角色，鼓励学生大胆提出问题，让课堂活起来，师生之间有思维碰撞，相互启发、诱导，让学生有不同的情感体验。

4. 合作性原则

教学情境应当让学生学会交流和分享获得的信息、创意及成果，并在欣赏自己的同时，学会欣赏别人。教师可以充分利用小组合作学习，让小组成员之间愉快地交流、协作，打开交际思路，并共同克服学习中出现的困难。

学习过程是个从简单到复杂、由易到难循序渐进的过程。因此在教学中创设教学情境应尽可能依据学生的实际经验和认知，架设好学习的框架，有层次、有梯度，考虑好情境的衔接与过渡。

（二）依据以上原则，《注意说话的语气》可以创设以下四个情境

1. 品读句子，激发兴趣

教材里提供了两组句子，分别是：

我不是故意的！我不是故意的。

阿姨，请您让一下。阿姨，请您让一下好吗？

教师引导学生读出不同的语气，体会有什么不同的效果。

"我不是故意的！" 重点词落在"不是"，一个感叹号可以读出有争辩解释的意味；而"我不是故意的。"这句的语气是平和的，淡淡地告诉别人自己不是故意的，请相信我，这样的语气会让对方的气也消了。

"阿姨，请您让一下。"听起来是没有太多的情绪，但又过于平淡，不像是请求别人，更像是一种暗示：您就应该让一让。这种暗示可能换不来对方的微笑或者进一步交流的欲望。"阿姨，请您让一下好吗？"加上"好吗"，语气和情感就不同了，明显是在请求对方的帮助，相信无论谁听到这么诚恳的请求都会让一让的，而且还会微笑着回答，"好啊！""当然可以啦！"

2. 师生对话，范例引路

创设第一个情境：妈妈让我学钢琴，我想学画画，我会跟妈妈说……

这是学生熟悉的生活情境，学生并不难说，只是平时没想过要怎么说。在这里，学生的目的性更强了：要让妈妈同意自己，接受自己的想法。教师可以先扮演妈妈，用问题引导学生大胆说出自己的想法。例如，"你怎么会有这样的想法呢？""你觉得学钢琴有什么不好吗？""你确定自己喜欢画画吗？"等。

3. 转换角色，体验情感

这个板块可以创设两个情境让学生与同桌自主练习：

（1）上学迟到了，教师批评了我，下课后我对教师说……

（2）看到同学洗手后忘了关水龙头，我想跟他说……

情境（1）的目的在于引导学生大胆跟教师交流，跟师长说话应该尊重，并且鼓起勇气诚实表达。在上一个情境中学生明确了完整清楚表达内心的想法，这是让学生跳起来摘苹果，引导学生以情动人、以理服人，并且学会换位思考。

情境（2）里，一般情况下学生看到这种情况都会大声说："哎，关水龙头！"这时候，指令有可能成功，也有可能不成功。学生在课堂上当然不会表示不成功的，回答说："好的。"交际就戛然而止了。这里往往是学生交际卡壳的地方。这时候，需要教师改变角色，与学生一起进入情境，给学生示范引路。例如，教师可以代入角色，扮演学生："关你什么事呢？"或者"你关也可以啊！"教师的平等对话启发学生引用教师平时教育的话继续交际下去。如果教育的学生用凶巴巴的语气教育没关水龙头的学生，教师可以"反抗"或者"委屈"，让学生体验自己命令的语气会带来反效果，从而学会调整自己的语气，既是不卑不亢，又能以理服人。

教师的及时介入会给学生茅塞顿开的启发，让学生学习做出调整，体验说话语气的重要，为他人着想得来的改变，也就能真正地交流起来了，从而也明白口语交际的一些技巧。

4.丰富情境，多维实践

有了前面的基础，这时教师可以创设几个学生生活中需要和别人沟通的情境，还原生活情境，采用角色体验的教学设计大胆放手让学生各抒己见。例如"抽取情境卡"的设计。让学习小组抽取一张情境卡，每张情境卡中都创设一个学生的生活情境，在小组里自行练习，让每个学生无拘无束地进行交流。这是一种内容丰富多样且多变的思维，表达灵活、机智，双向或多向互动的口语交际能力训练，让口语交际扎根生活、面向全体。

二、落实评价导向

在学生交际的过程中，启发学生打开交际思路是难点，教师应充分发挥评价的导向作用，形成和完善学生积极的交际意识和良好的交际习惯。

在二年级上册的《商量》口语交际课上，学生学会了要用商量的语气把自己的想法说清楚。在二年级下册的《注意说话的语气》再一次提出要用适当的语气说话。这里再次提到的语气应该比《商量》里的语气更为丰富，不应该仅仅是"好吗""可不可以"等询问的语气，更应该是一种态度，一种尊重别人的态度，一种平等的态度，不命令，不随意，是一种平和的舒服的交流。这是重点，也是难点，在学生交际的过程中，教师应充分发挥评价的导向作用，引导学生在情境中去感受自己作为听者的心情，进而去调整自己跟别人说话的语气。通过教师的评价引导，形成和完善学生积极的交际意识和良好的交际习惯。

在《注意说话的语气》中，每个情境的评价指向也应有所侧重。

（一）评价应指向知识性原则

在"品读句子，激发兴趣"情境中，通过模仿和揣摩句子的不同语气，让学生明白交流的效果不仅是取决于内容，还是取决于说话的态度。所以，开课伊始的这个环节，教师的评价指向可以是：学生进一步了解语气包括什么，是声音，是微笑，是态度。正确、合适的语气能让对方听着很舒服，很愉快。

（二）评价应指向激励性原则

在"师生对话，范例引路"情境中，教师的评价指向可以是：一听学生是否会用商量的语气，如"可以吗""行吗"等；二听学生是否把自己的真实想法说清楚。当学生出现卡壳时，教师可以这样评价学生："你能说出自己的想法，我很高兴。"这是评价也是鼓励。当学生害羞或者不知道用什么理由来解释不想学钢琴时，教师可以这样评价引导："想不到不想学的理由也就说明弹钢琴也不是很麻烦的事嘛，那你说说为什么想学画画吧。"教师通过评价肯定学生说出自己真实的想法，并且学会从不同的角度去思考，这样比哭闹和抵触更能解决问题。

（三）评价应指向针对性原则

在"转换角色，体验情感"中的情境（1）里，教师的评价指向可以是：学生是否能大胆说清楚自己迟到的理由，并且诚恳地道歉，下次注意。

在情境（2）里，教师的评价指向可以是：学生是否能诚恳地用循循善诱的语气，劝不关水龙头的同学关上水龙头，珍惜水资源。鼓励、启发不关水龙头的学生大胆表达自己的感受。

在这里，教师要针对学生容易卡壳的地方重点做评价，教师作为这次口语交际的参与者、合作者，首先要肯定学生正确的语气，更要注意聆听学生的话，只要学生突破了卡壳的地方，要及时表扬。因为有了教师的鼓励，学生就会有目的地模仿，为后面的拓展训练进行了有力的示范，举一是为了反三，总结口语交际的技巧也在情境中生成，环环相扣，水到渠成。

（四）评价应指向趣味性原则

在"丰富情境，多维实践"情境中，教师紧密联系生活实际，拓展时空，设计情境再现多彩生活，让学生触发灵感，激发兴趣，提高口语交际能力。教师的评价指向是：学生能积极参与交际实践，愿意发表自己的见解，并且说话语气令人听着舒服，愿意接受。大家在愉快的气氛中多维度交际。

总之，要扎实地开展口语交际教学，教师首先要细读教材，明确每次口语交际的教学目标，创设真实的交际情境。其次，课堂上要注重自身的示范引导和评价，让学生在具体的交际情境中，承担有意义的交际任务，逐步提升口语交际素养。只有多维度、立体化地进行训练，口语交际才能做到"言之规范、言之得体"。最后，教师还要不断鼓励学生在生活中开展交际，在课堂交际中学会交际。

结 语

  《义务教育语文课程标准（2011年版）》已经颁布了8年了。课程标准落实到课堂教学中，解决的是"教什么""怎样教""为什么教"和"教到怎么样"的问题。但是，因为语文学科的特殊性，课程标准只是提供了宽泛的内容标准，并未能直接指导教师开展课堂教学。小学语文课堂教学长期处于目标不明确，教学以及评价和目标不一致的状态。统编教材的推行，加强了对小学语文课程体系的构建，采用双线组元的方式，明确了每组课文的语文要素，在解决小学语文教学目标不明确的问题方面有了较好的尝试。两年来，笔者与课题组教师一起加强研读《语文课程标准》，从课程标准、语文学科核心素养等角度研读统编版教科书，提高了教师对语文学科性质的认识，认识儿童语言学习的规律，更新了教师的教育教学观念。除此，根据教学实际需要，实现了从课程标准到课堂教学目标转化的过程，以学期为时间单位提出了整体教学计划。提高了教师撰写教学目标的能力，能制定明确、具体、可观察、可测量的教学目标。提高了教师"教-学-评一致性"的意识，并能采用逆向的教学设计思路完成学历案，逐步主动在教学设计以及开展教与学活动中保障"教-学-评一致性"，课堂教学效率有显著地提高。

  经过两年的研究，课题组积累了一些具体的，可以学习、迁移的研究案例供教师们参考，为提高课堂教学效率打下基础。

  "基于《标准》的小学语文'教-学-评一致性'"的研究是一个新的议题，它需要研究者与时俱进，不断提高对语文课程的认识，提高课程设计的能力，整体思考标准、目标、教科书、教学与评价之间的关系。除了相关理论的学习，还要积极地实践，把理论和实践结合起来，才能够更好地落实教学任务，为学生语文素养的发展发挥作用。这也是课题组继续努力的方向。

附 录

海珠区2017学年二年级教学指导意见（实验稿）

课堂常规：

1. 加强课堂写字、读书、发言等常规训练，逐步培养学生的自主管理能力，课堂教学秩序较好。

写字教学：

2. 加强对汉字以及识字、写字理论的学习，准确认识识字、写字教学在语文教学中的重要意义，把握识字、写字教学原则，不断提高自身的书法修养。

3. 用好区以及写字教学实验学校的研究成果，改进写字教学与评价。

4. 营造良好的书写氛围，重视学生写字练字兴趣的激发和培养。可举办形式多样的书写比赛，提高学生对汉字形体美的审美能力，培养学生对汉字的认同感。

5. 能抓住写字教学重点、难点进行示范。重视指导学生掌握铅笔书写和修改的方法，积累"抓主笔，讲穿插，有收放，布白均"等基本方法。

6. 师生合作读帖，逐步教给学生读帖的方法。二年级下学期学生基本能独立读帖。

7. 注意写字速度的训练，逐步做到在课堂上指导学生完成写字作业。

8. 重视学生正确写字姿势的强化和矫正，写字评价中包含写字姿势的评价，姿势正确的学生占全班人数80%以上。

阅读教学：

9. 重视学生预习能力的培养，预习有针对性，能为教学目标服务。预习生字要加强拼读训练，针对学生实际加强拼读难点的复习和巩固。课堂教学重视预习的检测，并以预习基础为教学起点，设计教学。

10. 重视朗读训练，加强朗读习惯的培养。能进行范读。朗读训练的形式多样，学生朗读兴趣浓厚，学过的课文能熟读，甚至能背诵。

11. 不孤立识字，遵循字不离词，词不离句的识字规律。充分利用课文语境帮助学生学习新的词语。

12. 重视学生组词能力的培养，实现口语经验向书面经验的转化。多种形式积累词汇。

13. 加强对统编教材的研读，用好教材，提高学生语文综合素养。备课关注文本表达特点，选择有特点的句式进行教学。

14. 读懂课后习题的编写意图，有效转化为教学目标，在教学中，引导学生活学活用。

15. 课堂教学中，能围绕语用点设计相关练习，学生动口、动笔，语言实践机会充分。

16. 重视课外阅读，将课外阅读的指导和分享纳入课程体系。从立德树人的高度精心选择和推荐阅读书目，指导学生建立学期课外阅读计划，注意过程性管理。充分利用"午餐故事屋"的资源，重视学生阅读兴趣的激发和培养，家校合作，落实课外阅读教学任务。学生能独立阅读长度和课文相当的故事。经常组织形式生动活泼的课外阅读活动，激发阅读兴趣。

17. 重视优秀诗文的诵读和积累，达成修订课标第一学段教学目标。

口语交际与写话教学：

18. 根据口语交际的类别以及学生认知起点，准确制定目标。创设情境，联系学生生活，选取表达话题，重视学生表达兴趣的激发和培养。能结合教材或课外阅读组织讲故事、听故事活动。

19. 用好教材，落实写话训练，鼓励学生多写爱写。创设情境，鼓励学生在表达中运用学过的词语、词组、句式。

20. 下学期开始指导学生练习写日记，养成积累素材的习惯。

海珠区2017—2018学年第一学期二年级教学计划及进度安排

教学进度	教学内容	教学时数	教学目标		备注
九月	单元导读：自然的秘密	1	字词句运用	1. 能准确认读本单元50个新字及组成的词语，积累常用词语。能联系生活归类识字	
	1.小蝌蚪找妈妈	2		2.能准确朗读、理解并积累4个新的多音字	
	2.我是什么	2		3. 巩固正确的写字姿势，能正确书写30个汉字及组成的词语。学习读帖，观察左右结构的汉字的左右布局	
	3. 植物妈妈有办法	2		4. 能在语境中理解文中动词的意思，积累有特点的词组，并在表达中主动运用	
	口语交际： 有趣的动物	1		5. 能运用"有时候……有时候……""谁在哪里干什么"等句式表达	
	语文园地一	3	阅读	1. 能借助插图、语句，提取文本信息，理清说明顺序，理解课文内容，通过阅读了解动植物的特点。正确朗读课文	
	课外阅读指导及交流。（1）关于"自然的秘密"的科普童话。（2）《没头脑和不高兴》。（3）听读"午餐故事屋"专辑一	2		2. 能准确背诵《植物妈妈有办法》以及"日积月累"中的古诗《梅花》	复习一年级积累的古诗词
				3. 能独立阅读关于"自然的秘密"主题的科普童话	
				4. 能通过阅读书籍的封面提取相关信息	
				5.通过本单元学习，激发对大自然的热爱	
			表达	1. 能借助图画复述课文，条理清晰，吐字清楚，态度大方，有礼貌	
				2. 能围绕话题准备说话内容，与同学交流"有趣的动物"。做到条理清晰，吐字清楚，态度大方，有礼貌。能认真倾听同学的说话，并学会回应同学的发言。*交流后，可以把自己和同学交流的内容写下来，并配上图画或照片	
	单元复习和评价	2	学习习惯	1.建立课外识字本	
				2.建立错题本、好词佳句积累本	
	小计	15		3.在教师和家长的指引下，建立读书计划	

续 表

教学进度	教学内容	教学时数	教学目标	备注
九月	单元导读：识字	1	1. 能准确认读本单元61个新字及组成的词语，积累常用词语	
	（1）场景歌	2	2. 能准确朗读、理解并积累2个新的多音字	
	（2）树之歌	2	3. 巩固正确的写字姿势，能正确书写40个汉字及组成的词语。继续学习读帖方法	
	（3）拍手歌	2		
	（4）田家四季歌	2	4. 能结合语境理解量词的意思，积累并灵活运用	
	语文园地二	2		
	课外阅读指导及交流。（1）《没头脑和不高兴》。（2）听读"午餐故事屋"专辑二	2	5. 运用各种识字方法，主动识字。*编写新的场景歌、（花）之歌、拍手歌	复习音序查字法
	单元复习和评价	2	6. 积累"日积月累"的诗句和《山行》《枫桥夜泊》	
	小计	15	7. 掌握部首查字法，运用部首查字法认识新字	
十月	单元导读：儿童生活	1	1. 能准确认读本单元66个新字及组成的词语，积累常用词语	
	4. 曹冲称象	2	2. 能准确朗读、理解并积累4个多音字	
	5. 玲玲的画	2	3. 巩固正确的写字姿势，能正确书写38个汉字及组成的词语	
	6. 一封信	2	4. 能在语境中理解"才""到底"的意思	
	7. 妈妈睡了	2	5. 能准确圈画描写人物外貌的词语，用上修饰语形容人物外貌，积累词组	
	口语交际：介绍手工作品	1	6. 能联系生活学习更多的动词，积累动宾词组	
	语文园地三	3	7. 能在语境中区分同音字，理解字义，并准确运用	

注：十月行的"4. 曹冲称象"至"语文园地三"中间有纵向合并单元格"字词句运用"

教学进度	教学内容	教学时数	教学目标		备注
十月	课外阅读指导及交流。 （1）《青蛙和蟾蜍》。 （2）听读"午餐故事屋"专辑三	2		8. 能用"一边……一边……"说写句子，准确运用标点符号	
			阅读	1. 能借助提示理清叙述顺序，提取相关信息，理解课文内容。能准确朗读课文	
				2. 能联系生活理解文中句子	
				3. 能评价文中内容，表达阅读感受	
				4. 积累古诗《小儿垂钓》	
				5. 能独立阅读关于"儿童生活"的小短文	
				6. 能独立阅读《青蛙和蟾蜍》封面，了解相关信息。激发阅读兴趣	
				7. 通过本单元学习，学习故事中人物的美好品质，培养美好的情感	
	单元复习和评价	2	表达	1. 能借助提示，有条理地复述课文故事	
				2. 做一件手工作品，记住制作的顺序，能在口语交际课中用上"先、再、然后"等表示顺序的词语，按顺序向同学介绍制作的过程，吐字清楚，态度大方，有礼貌。能认真倾听同学的说话，复述同学制作手工的主要步骤	
	小计	17		3. 能围绕话题"喜欢的玩具"说写几句话。做到先根据提示想一想写话内容，和同学交流想写的内容，然后写在原稿纸上	
	单元导读：美丽的家乡	1	字词句运用	1. 能准确认读本单元65个新字及组成的词语，积累常用词语	
	8. 古诗二首	2		2. 能准确朗读、理解并积累3个新的多音字	
	9. 黄山奇石	2		3. 巩固正确的写字姿势，能正确书写38个汉字及组成的词语	
	10. 日月潭	2		4. 能从生活中出现的票据中认识汉字，主动识字	
	11. 葡萄沟	2		5. 能运用"好像""真像"说写看图想象的内容，把事物的特点形容得更生动	

续 表

教学进度	教学内容	教学时数	教学目标		备注
十月	语文园地四	4	字词句运用	6. 掌握联系上下文理解词语的方法，并运用方法理解"隐蔽""烦恼""流连忘返"的意思	
				7. 积累描写景物的词语和句子	
				8. 能根据提示把句子补充完整	
				9. 发现"雪白"等词语的构词特点，并积累下来	
	课外阅读指导及交流。（1）《青蛙和蟾蜍》。（2）听读"午餐故事屋"专辑四	2	阅读	1. 能通过阅读了解景物的特点，圈画出描写景物特点的语句，并展开想象，体会景色的优美。正确朗读课文	
				2. 能结合具体的语句表达阅读感受	
				3. 按要求背诵有关段落，背诵理解《登鹳雀楼》《望庐山瀑布》，积累描写风光景色的诗句	
				4. 能独立阅读描写景物的小短文，根据提示说出景物的特点	
	单元复习和评价	2		5. 通过本单元学习，认识祖国美好的风光，激发对祖国的热爱	
	写字专项评价	1	表达	1. 认识留言条的格式。根据生活需要运用留言条	
	小计	18		*2. 能仿照课文观察一处景物的形状、颜色等特点，运用学过的词语和句式写几句话	
十一月	单元导读：思维方法	1	字词句运用	1. 能准确认读本单元44个新字及组成的词语，积累常用词语	
	12. 坐井观天	2		2. 能准确朗读、理解并积累3个新的多音字	
	13. 寒号鸟	2		3. 巩固正确的写字姿势，能正确书写24个汉字及组成的词语。学习读帖，观察左右结构汉字的高低布局	
	14. 我要的是葫芦	2		4. 能联系语境理解"冻得……"等词语，发现构词特点，并能仿照构词格式说一说	

续 表

教学进度	教学内容	教学时数	教学目标		备注
十一月	口语交际：商量	1	字词句运用	5. 进一步巩固形声字识字的方法，并能根据汉字的偏旁部首分辨形近字的意思。准确完成辨析习题	
	语文园地五	3		6. 能抓住关键词素理解和区分词语的意思	
				7. 能运用恰当的修饰语把事物描写得更具体	
	课外阅读指导及交流。 （1）浅显的寓言故事。 （2）自选。 （3）听读"午餐故事屋"专辑五	3	阅读	1. 阅读寓言故事，能联系生活读懂故事说明的道理，表达阅读感受	
				2. 能根据标点符号体会句子的意思和语气，进行朗读训练	
				3. "日积月累"中的古诗《江雪》《鹿柴》	
				4. 能独立阅读短小的寓言故事，读懂故事说明的道理	
				5. 通过本单元学习，学会多角度观察和思考问题	
	单元复习和评价	2	表达	1. 学会遇到问题主动和他人商量，能清楚地表达自己的想法，态度大方，有礼貌。认真倾听同学的发言并做出回应	
	小计	16		2. 能运用学过的方法复述本单元以及课外阅读的寓言故事	
	单元导读：伟人的故事	1	字词句运用	1. 能准确认读本单元55新字及组成的词语，积累常用词语	
	15.大禹治水	2		2. 能准确朗读、理解并积累3个新的多音字。小结学过的多音字，巩固根据词语意思判断多音字读音的方法，并能运用	
	16.朱德的扁担	2		3. 巩固正确的写字姿势，能正确书写24个汉字及组成的词语	
	17. 难忘的泼水节	2		4. 能联系生活认识交通运输工具，进行分类识字。能运用形声字识字的方法，进行字族识字	
	口语交际：看图讲故事	2		5. 继续积累动宾词组	

续 表

教学进度	教学内容	教学时数	教学目标		备注
十一月	语文园地六	3	字词句运用	6. 能进一步认识标点符号的作用，根据句子的意思使用标点符号 7. 能准确圈画描写人物外貌的句子，并积累下来	
	课外阅读指导及交流。 （1）《张秋生小巴掌经典童话》。 （2）听读"午餐故事屋"专辑六	2	阅读	1. 能综合运用联系上下文和部首查字法理解文中词语的意思 2. 能根据提示读懂写人的叙事性文章，说出人物做了什么事 3. 能独立阅读浅显的人物故事，抓住四要素提取信息 4. "日积月累"中的名言及《回乡偶书》 5. 通过本单元学习，学习古今伟人的美好品质	
	单元复习及评价	1	表达	1. 能根据提示复述《大禹治水》的故事	
	小计	15		2. 读懂连环画，有条理地讲述故事，吐字清楚，态度大方。能根据同学的提示补充内容，把故事讲得更生动完整。能有礼貌地倾听同学讲故事，并提出建议，把故事讲得更生动完整。*能根据提示想象故事内容，续编故事，并把故事写下来	
十二月	单元导读：想象	1	字词句运用	1. 能准确认读本单元59个新字及组成的词语，积累常用词语	
	18.古诗二首	2		2.能准确朗读、理解并积累多音字"呀"	
	19.雾在哪里	2		3.巩固正确的写字姿势，能正确书写32个汉字及组成的词语	
	20.雪孩子	2		4.能正确抄写课文中有特点的句子	
	24.风娃娃	2		5.运用场景图认识汉字，用自己的话把词语连起来描述图意	
	语文园地七	4		6.熟练运用部首查字法，速度较快	

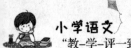

续 表

教学进度	教学内容	教学时数	教学目标		备注
十二月	课外阅读指导及交流。 （1）《张秋生小巴掌经典童话》。 （2）听读"午餐故事屋"专辑七	2	字词句运用	7. 能根据词语联系生活经验展开想象，并把想象的画面说一说	
				8. 充分展开想象，体会带点词语的形象和生动，感受语言的魅力	
				9. 综合运用各种识字方法，辨析形近字，能把本学期曾经书写错误的汉字写正确	
			阅读	1. 能联系生活经验，认识文中描写的自然现象，展开想象，体会自然现象的特点。准确朗读课文	
				2. 学习默读，能做到不出声，带着问题阅读，学习边读边思考	
				3. 背诵理解《夜宿山寺》《敕勒歌》，"日积月累"中的《数九歌》	
				4. 能独立阅读描写自然现象的童话，认识自然现象的特点，体会语言的生动。认识绕口令这种文学形式，感受语言的趣味	
				5. 能通过本单元的学习，激发学习语文的兴趣	
	单元复习和评价	2	表达	1. 能根据提示复述《风娃娃》	
	小计	17		2. 仔细观察图画，展开想象，编写故事。故事完整，语句通顺，标点符号使用正确	
	单元导读：相处	1	字词句运用	1. 能准确认读本单元48个新字及组成的词语，积累常用词语	
	21. 狐假虎威	2		2. 能准确朗读、理解并积累两个新的多音字	
	22. 狐狸分奶酪	2		3. 巩固正确的写字姿势，能正确书写24个汉字及组成的词语。能独立读帖，分析左右结构的汉字的布局特点	
	23. 纸船和风筝	2		4. 积累描写动物的词语，运用多种方法理解	
	语文园地八	3		5. 认识象声词，能结合语境体会象声词的特点，并运用到表达中	

教学进度	教学内容	教学时数	教学目标		备注
十二月	课外阅读指导及交流。 （1）关于狐狸的童话。 （2）听读"午餐故事屋"专辑八	2	字词句运用	6. 能联系生活经验认识新的汉字，并按一定依据进行分类	
				7. 能通过比较，发现句式的区别，积累有特点的句子	
			阅读	1. 学习默读，能带着问题边读边思考	
				2. 准确朗读课文，体会故事中不同角色的特点，并分角色表演，感受阅读的快乐	
				3. 能联系生活实际读懂故事，读后有自己的阅读感受，能用自己的话评价故事中的角色	
				*4. 能独立阅读关于狐狸的童话故事，比较不同故事中狐狸的表现有什么不同	
				5. 通过本单元学习，能认识到和他人相处的方法，学习故事中角色的美好品质	
	单元复习和评价	2		6. 日积月累：关于动物的成语及《滁州西涧》	
	小计	14	表达	能完整地有条理地复述本单元的故事，并说说自己从中明白的道理	
一月	1. 字词句运用	4		1. 能综合运用各种识字方法认识汉字，识字兴趣浓厚，课外识字主动，准确认读450个生字以及组成的词语	
				2. 能综合运用各种识字方法辨析同音字、形近字，准确书写250个生字。书写汉字和词语做到大小适中，笔画到位，字体工整。写字姿势正确，养成良好的书写习惯。掌握初步的读帖方法，能独立读帖，分析左右结构汉字的书写要领	
				3. 整理学过的多音字，能根据语境判断多音字的意思	
				4. 积累常用词语，能借助插图、联系上下文和生活经验等方法理解这些词语的意思，并能主动运用到日常的表达中	

教学进度	教学内容	教学时数	教学目标	备注
一月	1.字词句运用	4	5. 复习本册教科书中相关动词、形容词、象声词、连词等内容，能主动运用到表达中，把句子说写得更加准确和生动	
			6. 复习本册教科书中有特点的词组和句式，并能仿说仿写	
			7. 熟悉音序查字法和部首查字法的步骤，能根据实际情况选择查字法认识新的汉字，查字典有一定的速度	
	2.阅读	5	1. 日积月累：（1）熟读本册教科书上的课文，准确背诵要求背诵的段落和课文。（2）准确背诵学过的28首古诗。（3）准确背诵日积月累的诗句名言	
			2. 能独立阅读与课文篇幅相当的短文，并根据问题提取信息，读懂文本，形成初步的阅读感受	
			3. 能按计划完成课外阅读任务，乐于和他人分享阅读感受	
	3.表达	5	1. 能借助插图或者提示有条理地复述故事和讲故事，故事完整，吐字清楚，态度大方	
			2. 能有条理地说明制作手工作品的过程，灵活运用表示顺序的词语，使得表达更加清楚	
			3. 学会文明交流，掌握商量的方法，遇到问题能和他人商量解决	
			4. 聆听他人发言，要做到文明有礼，能抓住主要信息提出问题或者提出建议	
			5. 能围绕话题展开，在原稿纸上写几句话。句子之间语义连贯，标点符号使用正确。主动运用学过的句式和词语	
	4.习惯		初步养成良好的学习习惯	
	专项评价（1）写字专项评价	1	能在15分钟内独立完成书写内容，书写姿势正确，书写工整，大小适中，笔画到位。占期末综合评价15%～20%	字词复习后进行

续表

教学进度	教学内容	教学时数	教学目标	备注
一月	专项评价（2）口语交际专项评价	2	以小组为单位，从本学期口语交际话题中抽取其中一个话题进行多元评价。发言的学生吐字清楚，态度大方，聆听的学生能认真倾听，能做出恰当的回应，态度文明有礼，逐步培养学生文明和谐地进行人际交流的素养。占期末综合评价5%	口语交际复习后进行
	专项评价（3）课外阅读专项评价	2	依时完成课外阅读计划。占期末综合评价5%。*教师可设计家长问卷和学生问卷，了解学生一学期以来阅读的内容、数量、是否有和家长进行交流分享等表现性因素	
	期末综合练习	2	占期末综合评价70%～75%	
	小计	25		

海珠区2017学年第二学期二年级教学计划及进度安排

教学进度	教学内容	教学时数		教学目标	备注
二月、三月	单元导读	1	字词句运用	1. 能准确认读本单元63个新字及组成的词语，积累常用词语。能在具体语境中正确朗读多音字"啊"	
	1. 古诗二首	2		2. 巩固正确的写字姿势，能正确书写34个汉字及组成的词语。继续学习读帖，观察半包围结构的布局	
	2. 找春天	2		3. 能在语境中运用词语，并用词说话，把景物特点描述更形象具体	
	3. 开满鲜花的小路	2		4. 能根据不同的提问，朗读句子，表达不同的重点信息	
	4. 邓小平爷爷植树	2		5. 能借助插图、连词成句等方法仿照课文描述春天景物的特点，积累有特点的句式	
	口语交际：注意说话的语气	1			
	语文园地一	3	阅读	1. 能借助插图、语句，找出春天有什么景物，景物有什么特点，理解课文内容，感受春天的特点。正确朗读课文	

教学进度	教学内容	教学时数	教学目标		备注
二月、三月	课外阅读指导及交流。 （1）读读儿童故事。 （2）听读"午餐故事屋"《春天的故事》	2	阅读	2. 能准确背诵《村居》《咏柳》，能根据提示默写诗句。背诵"日积月累"中的古诗《赋得古原草送别》。累计积累古诗词30首	
				3. 学习阅读公园导览图。能根据导览图找到景点	
				4. 能通过阅读书籍的目录提取相关信息	
				5. 通过本单元学习，激发对大自然的热爱	
			表达	1. 能借助课文插图讲《开满鲜花的小路》这个故事	
				2. 能借助插图讲述邓爷爷植树的情景，提高叙事能力	
				3. 能围绕话题练习对话，在情境中感受不同语气不同的表达效果，能用恰当的语气，能让听的人感到舒服	
	单元复习和评价	2	学习习惯	1. 建立课外识字本。建立错题本、好词佳句积累本	
				2. 制订本学期课外阅读计划	
	小计	17			
三月	单元导读	1	字词句运用	1. 能准确认读本单元54个新字及组成的词语，积累常用词语。积累多音字"的"的用法	
	5. 雷锋叔叔，你在哪里	2		2. 巩固正确的写字姿势，能正确书写27个汉字及组成的词语	
	6. 千人糕	2		3. 能联系语境理解新的词语，感受词语在不同句子中不同的意思的特点	
	7. 一匹出色的马	2		4. 积累描写景物的美好语句，发挥想象，运用比喻的方法把景物特点描写得更形象生动	
	语文园地三	4			

教学进度	教学内容	教学时数	教学目标		备注
三月	课外阅读指导及交流。 （1）自读《弗朗兹的故事》。 （2）听读"午餐故事屋"	2	阅读	1. 能感受诗歌的特点，正确朗读诗歌	
				2. 能理解课文内容，并迁移到生活中去，体会物品来之不易，培养勤俭节约，珍惜他人劳动成果的美德	
				3. 背诵日积月累的俗语	
	单元复习和评价	2	表达	1. 能借助提示，想象画面，讲述雷锋叔叔的助人事迹	
				2. 能借助插图，复述米糕是经过哪些劳动才做成的。能迁移想象其他物品的制作过程	
	小计	15		3. 能照样子，写一写一个好朋友，初步学习素材积累的方法。通过表格打开表达的思路	
三月、四月	单元导读	1		1. 能准确认读本单元69个新字及组成的词语，积累常用词语。积累多音字"漂""炸"的用法	
	1.神州谣	2		2. 巩固正确的写字姿势，能正确书写36个汉字及组成的词语	
	2.传统节日	2		3. 能正确朗读课文。背诵《传统节日》	
	3."贝"的故事	2		4. 初步认识中国传统节日的风俗特点，并能按时间顺序排列节日	
	4.中国美食	2		5. 继续运用字族识字法认识汉字，体会偏旁表意的汉字构字特点	
	口语交际：长大以后做什么	2		6. 复习部首查字法。能比较熟练地运用部首查字法认识新的汉字	
	语文园地三	3		7. "日积月累"：十二生肖	
	课外阅读指导及交流。 （1）阅读关于中国传统节日故事书籍。 （2）听读"午餐故事屋"专辑三	2			

续 表

教学进度	教学内容	教学时数	教学目标		备注
三月、四月	单元复习和评价	2	阅读	能独立阅读《小柳树和小枣树》	
	写字专项评价	1			
	小计	19	表达	能围绕"长大以后做什么"的话题清楚表达自己的愿望	
四月	单元导读：想象	1	字词句运用	1. 能准确认读本单元58个新字及组成的词语，积累常用词语。积累多音字"量""泡"的用法	
	8. 彩色的梦	2		2. 巩固正确的写字姿势，能正确书写34个汉字及组成的词语。学习读帖，观察三包围和全包围结构汉字的布局。书写有一定的速度	
	9. 枫树上的喜鹊	2		3. 能按要求整理积累过的描写人物心情的词语	
	10. 沙滩上的童话	2		4. 能用"一会儿……一会儿……一会儿……"说句子	
	11. 我是一只小虫子	2		5. 继续运用偏旁归类的方法认识汉字，发现"月"在汉字不同位置表示不同的意思	
	语文园地四	4			
	课外阅读指导及交流。 （1）自选。 （2）听读"午餐故事屋"专辑四	3	阅读	1. 继续体会诗歌充满想象的特点，喜欢阅读儿童诗	
				2. 能发挥想象读懂课文。体会文中的人物特点，读好对话	
				3. 背诵"日积月累"中的名言。积累古诗《江畔独步寻花（黄师塔前江水东）》《游子吟》《绝句（迟日江山丽）》，累计33首	
			表达	1. 能仿照《彩色的梦》的第二或第三小节写诗歌	

教学进度	教学内容	教学时数	教学目标		备注
四月	单元复习和评价	2	表达	2. 能发挥想象，读懂《枫树上的喜鹊》，并把自己的理解融入表达，和同学交流	
	小计	18		3. 用上课文新学到的词语根据开头编故事	
				4. 仔细观察图画，想象故事的经过，用上表示时间的词语讲述故事，并能够写下来	
	单元导读	1	字词句运用	1．能准确认读本单元50个新字及组成的词语，积累常用词语。积累多音字"倒""坊"的用法	
	12. 寓言两则	2		2. 巩固正确的写字姿势，能正确书写25个汉字及组成的词语	
	13. 画杨桃	2		3. 运用偏旁表意的方法认识汉字	
	14. 小马过河	2		4. 理解积累关于"笑"的词语	
	口语交际：图书借阅公约	2		5. 能读懂句子，体会提示语在人物语言中的作用，正确朗读句子	
	语文园地五	3		6. 发现"教诲""寻找"等词语的构词特点，并积累下来	
	课外阅读指导及交流。 （1）自选。 （2）听读"午餐故事屋"专辑五	2	阅读	1. 能正确朗读课文，体会故事中人物的心情，读出恰当的语气	
				2. 能读懂本单元的故事内容，并联系生活理解寓言说明的道理。和同学交流阅读的感受	
				3. 能运用比较的方法理解"赶紧""焦急"的意思，体会人物心情	
				4. 背诵《弟子规》（节选）	
	单元复习和评价	1	表达	1.能抓住词串连成句子，复述《小马过河》的故事	
	小计	15		2.能围绕"管理班里的图书角"的话题展开讨论，主动发表意见。发表意见的时候要学会"一个人说完，另一个人再说"	

续 表

教学进度	教学内容	教学时数	教学目标		备注
五月	单元导读	1	字词句运用	1. 能准确认读本单元52个新字及组成的词语，积累常用词语。积累多音字"行"的用法	
	15.古诗二首	2		2. 巩固正确的写字姿势，能正确书写34个汉字及组成的词语	
	16.雷雨	2		3. 积累描写夏天景物特点的句子	
	17. 要是你在野外迷了路	2		4. 能小结读帖的基本方法，并运用方法指导书写，不写错别字	
	18. 太空生活趣事多	2		5. 能运用反义词去理解新的词语	
	语文园地六	4			
	课外阅读指导及交流。（1）自选。（2）听读"午餐故事屋"专辑六	2	阅读	1. 能准确朗读课文。联系生活经验，体会自然现象的特点，激发对大自然探索的兴趣	
				2. 初步学习按时间理清文章说明顺序的方法	
				3. 能联系语境体会加点词语的表达效果，初步学习赏析字词	
				4. 背诵古诗《晓出净慈寺送林子方》《绝句（两个黄鹂鸣翠柳）》。能够说出想象到的画面。背诵古诗《悯农（春种一粒粟）》。累计35首	
				5. 能通过本单元的学习，激发学习语文的兴趣	
	单元复习和评价	2	表达	1. 对大自然充满好奇，学会提问题	
	小计	17			

教学进度	教学内容	教学时数		教学目标	备注
五月	单元导读	1	字词句运用	1. 能准确认读本单元61个新字及组成的词语，积累常用词语。积累多音字"似""扇""喝""尽""扫"的用法	
	19. 大象的耳朵	2		2. 巩固正确的写字姿势，能正确书写33个汉字及组成的词语。能独立读帖，注意汉字变成偏旁后大小和形态的变化	
	20. 蜘蛛开店	2		3. 能熟练运用形声字的特点理解新的生字	
	21. 青蛙卖泥塘	2		4. 发挥想象，体会比喻句的特点，积累比喻句	
	22. 小毛虫	2			
	语文园地七	4			
	课外阅读指导及交流。（1）阅读《冰波童话》；（2）听读"午餐故事屋"专辑七	2	阅读	1. 读懂故事，能从故事中明白道理	
				2. 能准确朗读课文，读好问句，体会不同人物的角色，演一演故事	
				3. 能联系生活实际读懂故事，读后有自己的阅读感受，能用自己的话评价故事中的角色	
	单元复习和评价	2		4. 背诵"日积月累"中的《二十四节气歌》《江南春》累计36首	
	小计	17	表达	1. 能读懂示意图，并根据示意图复述《蜘蛛开店》的故事。能发挥想象，拓展示意图，续编故事	
				2. 能根据提示理解小毛虫的变化过程，并复述《小毛虫》	
				3. 能够从不同角度清楚地表达养小动物的理由。句子要通顺	
				*选做：学习青蛙推荐一样物品	

教学进度	教学内容	教学时数	教学目标	备注
六月	单元导读	1	字词句运用 1. 能准确认读本单元43个新字及组成的词语，积累常用词语	
	23.祖先的摇篮	2	2. 巩固正确的写字姿势，能正确书写27个汉字及组成的词语	
	24. 当世界年纪还小的时候	2	3. 积累动宾词组，并能用词说话	复习二年级上册学过的动宾词组
	25.羿射九日	2	4. 辨析近义词，选择词语说句子	
	口语交际 推荐一部动画片	2	5. 能想象画面，把句子写具体	
	语文园地八	3		
	课外阅读指导及交流。 （1）阅读《当世界年纪还小的时候》； （2）听读"午餐故事屋"专辑八	2	阅读 1. 能读懂课文，感受奇妙的想象 2. 基本掌握默读的方法，边读边想，读懂故事 3. 背诵《舟夜书所见》《三衢道中》累计38首	
	单元复习和评价	2	表达 1. 能发挥想象仿写《祖先的摇篮》第2、3小节，用上动宾词组 2. 能仿照《当世界年纪还小的时候》发挥想象，选一个开头编故事，讲故事 3. 能根据提示抓住故事的"起因""经过""结果"复述故事，讲故事有条理	
	小计	16	4. 能选择一部印象最深的动画片，向同学介绍。把握说话的速度，别人能听清楚。能认真聆听别人介绍，并对同学的介绍提出意见和建议	

续 表

教学进度	教学内容	教学时数	教学目标	备注
六月、七月	1.字词句运用	4	1. 能综合运用各种识字方法认识汉字，识字兴趣浓厚，课外识字主动，准确认读450个生字以及组成的词语	
			2. 能综合运用各种识字方法辨析同音字、形近字，准确书写250个生字。书写汉字和词语做到大小适中，笔画到位，字体工整。写字姿势正确，养成良好的书写习惯。掌握初步的读帖方法，能独立读帖，掌握常见结构汉字的书写要领	
			3. 整理学过的多音字，能根据语境判断多音字的意思	
			4. 养成勤于积累词句的习惯，能综合运用多种方法理解词语的意思，能在语境中辨析近义词，并能主动运用到日常的表达中	
			5. 熟悉本册教科书中有特点的词组和句式，并能在新的情境中仿说仿写	
			6. 熟练运用字典，能通过查字典认识新的汉字，查字典速度较快	
	2.阅读	5	1. 日积月累：①熟读本册教科书上的课文，准确背诵要求背诵的段落和课文。②准确背诵学过的38首古诗。③准确背诵"日积月累"中的诗句名言	
			2. 能独立阅读与课文篇幅相当的短文，并根据问题提取信息，读懂文本，联系生活经验形成初步的阅读感受	
			3. 能读懂简单的导览图、示意图，解决生活中的问题	
			4. 学习默读的方法，初步学习边读边思考	
			5. 喜欢阅读儿童诗，感受儿童诗的特点	
			6. 能按计划完成课外阅读任务，乐于和他人分享阅读感受	

教学进度	教学内容	教学时数	教学目标	备注
六月、七月	3. 表达	5	1. 能借助插图或者提示有条理地复述故事和讲故事，故事完整，吐字清楚，表达更加流利，态度大方	
			2. 学会文明交流，根据情境把握说话的语气	
			3. 聆听他人发言，要做到文明有礼，能抓住主要信息提出问题或者建议	
			4. 能围绕话题展开，思维比较开阔，在原稿纸上写几句话。句子之间语义连贯，标点符号使用正确。主动运用学过的句式和词语	
	4. 习惯		初步养成良好的学习习惯	
	专项评价（1）写字专项评价	1	能在15分钟内独立完成书写内容，书写姿势正确，书写工整，大小适中，笔画到位。占期末综合评价15%～20%	字词复习后进行
	专项评价（2）口语交际专项评价	2	以小组为单位，从本学期口语交际话题中抽取其中一个话题进行多元评价。发言的学生吐字清楚，态度大方，聆听的学生能认真倾听，能做出恰当的回应，态度文明有礼，逐步培养文明和谐地进行人际交流的素养。占期末综合评价5%	口语交际复习后进行
	专项评价（3）课外阅读专项评价	2	依时完成课外阅读计划。占期末综合评价5%。 *教师可设计家长问卷和学生问卷，了解学生一学期以来阅读的内容、数量、是否有和家长进行交流分享等表现性因素	
	期末综合练习	2	占期末综合评价70%～75%	
	小计	17		

参 考 文 献

［1］崔允漷，王少非，夏雪梅.基于标准的学生学业成就评价［M］.上海：华东师范大学出版社，2008.

［2］沈毅，崔允漷.课堂观察：走向专业的听评课［M］.上海：华东师范大学出版社，2008.

［3］中华人民共和国教育部.义务教育语文课程标准［M］.北京：北京师范大学出版集团，2011.

［4］L.W.安德森，等.学习、教学和评估分类学：布鲁姆教育目标分类学修订版［M］.上海：华东师范大学出版社，2013.

［5］皮连生.学与教的心理学［M］.上海：华东师范大学出版社，2007.

［6］约翰·D.布兰思福特，安·L.布朗，罗德尼·R.科金，等.人是如何学习的——大脑、心理、经验及学校［M］.上海：华东师范大学出版社，2002.

［7］崔允漷，夏雪梅."教-学-评一致性"：意义与含义［J］.中小学管理，2013（1）：4-6.

［8］崔允漷.学业评价与课程标准的一致性建构［J］.上海教育，2013（28）：4.

［9］李伟成.教学的目标、活动与评价之独立性与一致性刍议［J］.教育导刊，2013（2）：32-36.

［10］张菊荣."教-学-评一致性"给课堂带来了什么？［J］.中小学管理，2013（1）：7-9.

［11］黄山，刘丽丽.教-学-评一致性：课堂研究与教学的新动向——第十二届上海国际课程论坛综述［J］.教育发展研究，2014（22）：

82–84.

［12］夏雪梅.基于标准设计教学目标：课程实施程度的视角［J］.全球教育展望，2010（4）：32–35.

［13］徐铭.小学语文教学目标细分研究——基于布鲁姆认知目标新分类学视角［J］.课程教学研究，2013（12）：30–33.

［14］夏雪梅.基于标准设计教学目标：课程实施程度的视角［J］.全球教育展望，2010（4）：32–35.

［15］陈爽.小学语文教科书中学习活动设计探讨——基于目标分类学的策略［J］.课程与学科教学研究，2016（4）：71–73.

［16］蒋银华.目标导向下 "教–学–评一致性" 的课堂设计［J］.中小学管理，2013（1）：12–14.

［17］崔允漷，雷浩. "教–学–评一致性" 三因素理论模型的建构［J］.华东师范大学学报（教育科学版），2015（4）：14–22.

［18］张婧恒.课堂教学中 "教–学–评一致性" 研究——以昆明市Y中学初二英语课堂教学为例［D］.昆明：云南师范大学，2015.

［19］张坤炽.试题与课程标准一致性研究——以番禺区新课程小学六年级语文试题为例［D］.广州：广州大学，2011.

［20］徐瑰瑰.论教–学–评一致性——以小学语文习作课为例［D］.上海：华东师范大学，2015.

◀后记

本书是广州市海珠区教育科学规划课题"基于《标准》的小学二年级语文'教-学-评一致性'策略研究"研究成果之一。

2017年，广州市全面推行使用中华人民共和国教育部审定的义务教育小学语文二年级教科书。这套教科书的编写，体现了先进的教育教学理念，指向语文学科核心素养，采用双线组元的方式来组织课程内容，明确了语文教学内容，符合语文学科的性质特点。教科书的改革有效地解决了长期以来语文教学目标不明确，教学内容随意的一部分问题。但是怎样能够更好地指导教师基于课程标准，准确解读教科书，用好教科书，教学设计能够紧紧围绕教学目标来展开，从而保障教学效率呢？笔者申报了海珠区教育科学规划课题，针对区域小学二年级课堂教学，研究如何基于《标准》促进教学的"教-学-评"一致。两年来，笔者与课题组教师一起加强研读《语文课程标准》，依托统编版教科书，围绕语文学科素养细化教学目标，以学期为时间单位提出了整体教学计划，制订明确、具体、可观察、可测量的教学目标，这一成果将较好地拉近教学与课标之间的距离，更新教师的教学观念，具有较高的现实意义。除此，本研究带领区域骨干教师开展大量的课例研讨活动，通过课例研讨，研究促进"教-学-评一致性"的策略，强化教师的目标意识和评价意识，搭建逆向教学设计框架，积累了大批学历案，为提高区域教学质量做出贡献。

课题的研究得到了广东省第二师范学校余新明教授、广州市教育研究院小学语文学科教研员王亚芸老师、同福中路第一小学陈卫红校长、天河区教育局教研室陈燕老师的指导和支持。他们先后参与了课题的开题、研究、结题等工作，指导我不断完善课题研究思路，优化课题研究方法，提高课题研究实效。

课题的研究更要感谢全体课题组教师辛勤的付出，每一位教师的课例都是最宝贵的经验，为课题研究提供了最丰实的实践价值。尤其是海珠区宝玉直实验小学的唐春霞、瑞宝小学的邓丹玫、万松园小学的杨璐怡、逸景第一小学的陈逸梨四位老师，和我一起做了大量的文献阅读，举办各级研讨活动，参与课例的研讨活动，是我能够顺利完成课题研究的主要保障。

课题的顺利结题还要感谢海珠区教育发展中心的领导们以及小学语文学科同事们的关心和支持。

本书的出版得到了出版社同仁的鼎力支持，在此也深表谢忱。

在研究期间，因为我的工作调动，一度两边兼顾，给研究工作带来了很大的困难。能力有限，精力有限，如果不是大家的支持与鼓励，恐怕我很难完成所有的工作。再次向关心我以及关心本研究的所有人致意，感谢你们！

林玉莹

2019年3月28日